明清卷·人物

中国历史知识小丛书

《祸国宰相》

严嵩

ZHONGGUO LISHI ZHISHI
XIAO CONGSHU | 张显清◎著

以史为骨，以实为肌，以事为络
名家著作，还历史原貌

中国社会科学出版社

图书在版编目（CIP）数据

祸国宰相严嵩/张显清著.—北京：中国社会科学出版社
2014.1修订重印
　ISBN 978-7-5004-6654-3

Ⅰ.祸… Ⅱ.①张… Ⅲ.严嵩—生平事迹 Ⅳ.K827＝48

中国版本图书馆CIP数据核字（2007）第203874号

出 版 人	赵剑英
责任编辑	田　文
责任校对	熊力兵
责任印制	王　超

出版发行	中国社会科学出版社
社　　址	北京鼓楼西大街甲158号（邮编100720）
网　　址	http://www.csspw.cn
	中文域名：中国社科网　010-64070619
发 行 部	010-84083685
门 市 部	010-84029450
经　　销	新华书店及其他书店

印刷装订	北京市兆成印刷有限责任公司
版　　次	2013年4月第2版
印　　次	2014年1月第3次印刷

开　　本	710×1000　1/16
印　　张	14
插　　页	2
字　　数	218千字
定　　价	27.50元

凡购买中国社会科学出版社图书，如有质量问题请与本社联系调换
电话：010-64009791

前言

　　明朝嘉靖四十五年（1566）四月，在江西袁州府分宜县介桥村外一处墓地的草舍里，寄栖着一位八十七岁的老人。他在饥饿、病痛、哀怨的沉重袭击下，悄然离开人世。既没有人前来吊唁，也没有棺木殡葬。这死者便是曾做过二十年宰相、削官归乡的严嵩。

　　昔日的严嵩"贵极人臣，富甲天下"，但结局却这样悲惨凄凉。原因何在？答案是贪婪害了他。贪图权位，使他由诗坛一秀逐渐蜕变为谄媚取宠、阴险狡诈、残害忠良的奸佞；贪图钱财，使他由一名寒士逐渐蜕变为吸民膏血、疯狂敛财、"自古权奸所未有"的贪官。然而历史是无情的。嗜权如命，贪财无厌，败坏朝政，涂炭百姓，结果落得个身败名裂、人亡财空的可耻下场。

　　严嵩蜕变人生历程所显示的历史警示，是颇为耐人寻味的。

前言

目录 CONTENTS

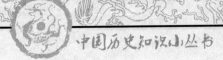

第一章

考取功名

一 起家寒素

明代的分宜县是江西袁州府巨邑。这里风光秀丽，民俗厚朴。发源于萍乡罗霄山脉的秀江（又称袁江）荡漾而东，流经宜春，斜入分宜，绕县城（今分宜县城为新址，古城已拆除）南关，穿过钟山峡，汇于赣江。县城之南，钤山横卧，林壑映带，长溪环抱。

县城北十里许，有介桥村（又称介溪村）。村中居住着严氏宗族。成化十六年（1480）正月二十二日，严淮夫人晏氏生下一子，全家喜气洋洋。这位新来人世的男婴即是严嵩，后来起字"惟中"，号"介溪"，又号"勉庵"，排行第三，上有两位姐姐。据说晏氏怀孕时，有奇光异彩自房舍升腾而起，于是诞生了一位未来的宰相。当然这只不过是在严嵩位极人臣之后，人们编织的天人感应的神话罢了。

严嵩之高祖严孟衡，永乐十三年（1415）进士，官至四川布政使，为官刚正清廉。曾祖严琏、祖父严骥都没有做过官，也无科举功名。父亲严淮亦为布衣百姓，务农习儒，家无余资。母亲晏灵秀，娘家世居新喻（今江西新余），富有产业。外曾祖晏大章曾出粟赈济饥民，朝廷玺书旌表其门。严淮早逝，晏氏含辛茹苦，抚养遗孤。

严嵩出生时，严家并非巨室富户。因此，出身世家的明代著名文人王世贞曾讥讽他"降生小家子"。高祖严孟衡没有积下多少产业，死后五个儿子分家析产，每股只得田二亩五分。传至祖父、父亲时，虽然多少置买些土地，但家境依然清贫，以至无力为其上学交纳致送老师的酬金。

严嵩十六岁丧父，在孤寒中度过了青少年时代。几十年以后，当他已经飞黄腾达之时，仍在感慨地回忆："涉世畸单，起家寒素。"即使为官之初，仍未摆脱贫困，"家贫念藜藿，寒至想衣裘"，"一官系籍逢多病，数口携家食旧贫"的诗句真实地描述了他"初仕而贫"的潦倒情形。

在严嵩直系宗支中，自高祖严孟衡以后，仕宦中断了三代、七八十年。因此，当他这个男孩降生时，全家都把接续先祖"簪缨余泽"、重耀门庭的希望寄托在他的身上，沉浸于对未来的美好憧憬之中。祖父乐不可支地说："宗孙生，而神气灵矣。"

二 二甲进士

我国隋唐以前盛行世族门阀制，门第高低是选官的依据，血统贵贱决定人的政治地位的高下。此后随着世族门阀制度的衰落，科举考试成为进入仕途、升为官户的主要途径，原来的血统、门第已不起决定作用，即使是平民寒士也可通过科考发迹为达官显贵。

现实生活告诉严嵩祖父、父亲，依靠做过布政使的先祖的血统是改变不了他们的社会地位的，只有让严嵩"读书而求科第"，才能"居官而求尊显"。因此尽管家境贫寒，还是节衣缩食为其延师授教。

江西人文荟萃，浓厚的传统文化氛围亦给予青少年严嵩以强烈的感染。这里有发达的儒学，哲人辈出。崇仁吴与弼是明初理学的代表。这里还涌现了许多政治家，明初致有"朝士半江西"之称。传统的文化习俗和前辈的显赫地位不能不对严家与严嵩本人产生潜移默化的影响和迷人的诱惑力。于是他在猎取功名的道路上开始了艰辛的跋涉。

严嵩咿呀学语，父亲便把他抱置膝上"日授之书"，"督课寒暑不辍"。到了换牙的时候，已经书史"皆成诵，亦能为文"，父亲高兴地对母亲说："惟教此子，他不足计也！"乃立家塾，聘良师教之。他聪慧异常，于书过目不忘，作对联每有奇语，而且"早有大人之志"，乡人皆"视为神童"。

知县莫立之闻知管内有此神童，欲召之进入县学。严嵩父亲一方面感到自豪，另一方面又为无力交送拜见老师的贽礼而愁闷。莫知县慷慨地承诺，贽礼由他承担。在他的帮助下，严嵩补为分宜县学博士弟子，这年他才八岁。两年以后，江西提学使敖山巡视分宜，测试严嵩，对其所作对联大加赞赏，决定增加他的学费补助。后来又递补为廪膳生员，由官府免费供给膳食。

继任知县曹忠也很赏识严嵩文思敏捷，特允许他与自己的儿子一起学习。一日，曹忠见严嵩的扇面上画有游鱼戏水之景，便出联语，要其对答。曹忠的上联是："画扇画鱼鱼跃浪，扇动鱼游不移刻。"严嵩立即对出下联："绣鞋绣凤凤穿花，鞋行凤舞又一夕。"又有一次，曹忠出上联："关山千里，乡心一夜，雨丝丝。"严嵩对曰："帝阙九重，圣寿万年，天荡荡。"似乎幼稚的心灵已经飞向紫禁宫阙，叩拜皇上万寿无疆。

严嵩在县学治《诗经》。经过八九年的寒窗苦读，终于结业。县学学生称"生员"或"诸生"，即通常所说的"秀才"，免其本人及家内二丁徭役。生员虽属官绅等级的底层，但在身份上已区别于庶民百姓。

弘治八年（1495），严嵩十六岁，正值乡试之期。试前，父亲忽然病逝。父亲弥留之际，抚摸着严嵩说：期望你科考中第，"以成吾志"，果能如此，"吾目瞑矣"。按封建礼制，丁忧期间不得参加科考，严嵩遂徒步二百余里，远赴清江，投钱慎门下，继续学业。弘治十一年，严嵩十九岁。这年秋天，他满怀信心地来到省城南昌参加乡试。果然一举中式，名列第十六名，考中举人。在鹿鸣宴（科举考试之后举行的宴会）上，因为他"貌羸（瘦弱）鹑衣（衣服破烂）"，监考官李遂对之不屑一顾。但是消息传到分宜，整个乡里，都为之轰动。

弘治十八年，二十六岁的严嵩赴京参加会试。此科礼部会试选中进士三百零三名，严嵩名列第三十八名。在接着的殿试中，严嵩考中二甲进士第二名。一甲进士三名，即状元、榜眼、探花；二甲进士若干名；三甲进士若干名。严嵩殿试序列排在第五名。然后他又被考选为庶吉士，入翰林院深造，"储才馆阁"。正德二年（1507），庶吉士结业，授翰林院编修，正七品。他终于跃过了龙门，步入了官宦行列。

明代翰林院是培养学者和政治家的尊贵殿堂。翰林官是皇帝的辅弼顾问，属于侍奉近臣。自从永乐年间施行从翰林学士中选拔内阁大学士的制度之后，翰林院便逐渐成为通向内阁的阶梯。除个别例外，内阁大学士绝大多数皆来自翰林学士。一旦选为庶吉士即被人们"目为储相"，即后备宰相。严嵩在

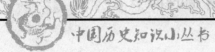

当庶吉士时，考试常冠群首，内阁首辅李东阳等"咸伟其才"。授编修以后，置身史馆，人们更以"公辅期之"。

举人—进士—庶吉士—内阁大学士—内阁首辅，一幅达到仕途高峰的美妙前景正展现在他的面前。

【第二章】

钤山养望

一 归隐钤山

严嵩并没有沿着这幅升官图径直走去，而是绕了一个很大的弯子。正德三年五月，祖父严骥病逝，他告假归里奔丧。次年六月，母亲病逝，继续居家丁忧。按封建礼制，子孙守制三年（实际是二十七个月）即可服除复职，但是严嵩却在家乡一住就是八年而未归朝。他在钤山之麓，学宫之侧建造堂舍，名"钤山堂"，"面山历历，秀而且整"，"结茅植援，耽书履素，棱簪弁而冠鹬，闲甘脆而茹粝"，过起了隐居生活。

是什么原因使他舍弃了"储相"之地的翰林院而久居山乡？他自己讲是因为疾病缠身。他长得又高又瘦，"长身耸瘦如削，疏眉，目大，音声"，"少孤多病"。疾病可能是他居乡不归的一个原因。

是身体真的到了非要"卧疾田里"不可的地步，抑或还有什么不愿吐露的真情？他乡居期间，游山玩水，寻幽览胜，结友唱和，读书著述，健康状况绝非不能胜任翰林院公务。其实在"有病"的背后隐藏着更深刻的政治原因。

正德年间是明代宦官之患严重时期之一。正德初年，宦官刘瑾浊乱朝政，"顾命诸臣，斥逐无遗"，"谏官台臣，诛锄略尽"，"北门之狱骤兴，缙绅之祸尤烈"。刘瑾还借故禁授浙江余姚人及江西人京官，裁减江西乡试名额。正德五年，刘瑾被诛以后，宦官专权的局面并未改变。除此又有都督江彬、锦衣卫钱宁等佞幸肆虐，清流被祸。

这就是摆在翰林新俊严嵩面前的局势。批鳞折槛，则横祸立降；依附投靠，则遗臭史册。他既不具备敢与凶顽搏击的气质和勇气，也还葆有一般士大夫不愿与阉宦武夫为伍的心理，因此只好暂时离开政治漩涡，归栖田野，待时局好转，再出山回朝。这样既可躲避虐焰，又可赢得清誉，可谓两全之计。于是便借丁忧之机，以养病为名，在家乡久住下来。他虽然极力回避自己的真实动机，但逃避斗争的心态在其钤山诗中仍然有所流露，"无端世路绕羊肠，偶以疏慵得自藏"，世路漫长而崎岖，正好自藏乡野，"韬光芒于深泓之内"，伴随翠竹、仙鹤、古木、寒花、清泉，读书赋诗，在淡泊宁静中等待转机。

对于严嵩归隐，时人还有另一种说法，即为了"养望"。他虽然已入翰林院，但还缺少登上高官显位的声誉和名望，为此需要调整步骤，隐卧山林，苦读诗书，结交名士，为日后大贵蓄积资本，"泽溢而流，贮广而发，要自钤山始也"。"养望"之效，果然大见，当八年以后，他再出钤山时，已"颇著清誉"，此后遂步步高升，既"工古人难工之辞"，又"得古人难得之位"，"功言并隆，才遇兼美"。

不管是什么原因，严嵩的抉择都是不同凡响的。在其为自己铺设成功之路的过程中，此举具有重要的战略意义。经过一番韬晦，一位恬淡功名、潜心诗书经史的清流形象终于树立起来。当时不少社会名流都对之赞不绝口，说他"弗以富贵淆其志"，"先实后名，用本达末"，"安于退养之节"。即使在败落之后，仍有人在称道他的这段经历。明末著名史学家朱国祯说，严嵩在任礼部尚书以前"极有声，不仅诗文之佳，其品格亦自铮铮，钤山隐居九年，谁人做得"？一直到清末，还有人惋惜地说，假若严嵩"而得早死，亦足以安首丘垄。所谓名德不昌，而有期颐之寿者也"。

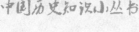

二 诗坛一秀

　　明弘治、正德年间，史称"前七子"的李梦阳、何景明、徐祯卿、边贡、王廷相、康海、王九思等人倡导的复古文学正风靡文坛。他们主张"文必秦汉，诗必盛唐"，企图以秦汉散文、盛唐诗歌的现实主义传统和古代的丰富知识来扭转其时歌功颂德、空洞无实的文风和学风，是对文学上的台阁体、哲学上的性理空谈和教育上的八股文的挑战和冲击。但是他们食古不化，"摹拟之功多，而天然之资少"，尤其是他们的后学片面地发展了他们的消极面，致使七子流派逐渐走上了"句拟字摹"的形式主义歧途。

　　隐居钤山的严嵩也卷入了这股文学浪潮，获得了诗人的桂冠。他"倾心折节，要结胜流"，与前七子等优游唱和，交相引誉，俨然而成为诗坛一秀，"天下以公望归之"。

　　为了争得士大夫的广泛支持，严嵩不囿于门户之见，还积极交结复古派以外的其他名士。著名心学家王守仁巡抚江西期间，曾赴钤山造访严嵩，为钤山堂书写了匾额。大学士王鏊致仕乡居，"望重东山，名高北海"，严嵩请其为钤山堂撰写铭文，王鏊欣然命笔。《铭文》中有"作求惟德，世蕃以昌"之句。严嵩遂以"世蕃"二字命名其子。著名学者湛若水、黄绾等也都是严嵩友好。

　　严嵩的社交活动不仅树立了他在文化界的重要地位，而且扩大了政治影响。他的朋友李梦阳、何景明、王廷相、王鏊、王守仁、崔铣等人不仅学问渊博，而且风节清峻，在正德初年都因反抗专权太监刘瑾而遭迫害，或下狱，或廷杖，或贬谪，直谏之名传扬遐迩。严嵩与他们交游，给人们造成一种印象，似乎他也是与邪恶斗争的勇士。这些志士仁人烘托他顿生光辉。

严嵩为诗"务锻炼组织，求合古调"。平心而论，他前期诗文在艺术风格上还是有相当成就的。他的诗有一种淡雅美。李梦阳评论说，"达达者其词，和淡者其词"，称他为"淡石潭翁"。王廷相评论说，其诗"冲淡"、"素雅"，"诗思冲邃闲远"，"文致明润宛洁"。即使是他的政敌王世贞也承认他的诗文虽然"弱而不能为沉雄之思"，但却也"清雅有致"，并指出不能因为他后来成为"奸相"便否定他的诗文的艺术成就。

严嵩钤山诗在内容上主要是风景诗、唱和诗，而很少社会诗，因此缺乏现实性、时代感。文如其人。他没有敢于同邪恶势力进行斗争的品质，因此诗文只能"清丽婉弱"，而没有沉雄豪迈的气势；只能吟风弄月，而没有愤世嫉俗的呼喊。他认为只要有"天景胜奇"的启发和"功力深到"，便可写出好诗，而无需乎反映现实社会生活。在创作态度上，与古文运动领袖李梦阳、何景明等人相比，不免大为逊色。

隐居钤山还使严嵩赢得了充分时间博览群书，明习礼乐政刑，从而具备了封建王朝高级官员所应具有的文化素养和歌功颂德的高超技能。嘉靖皇帝号称"英主"，"一时制作，大小臣工奔命而不足"，而严嵩后来做礼部尚书和内阁首辅时，却能应付自如，"时有敷对，触口纵笔，占肆成牍以进"。人们认为，这与他在钤山养望时准备了"识体达变之材，邃经洽古之学"密切相关。

封建政治学、经济学与史学融为一体。严嵩在钤山养望期间，还受袁州知府的委托，费时两载，纂修了一部《袁州府志》。这部书共十四卷，袁州一府四县的疆域、建置、物产、食货、兵防、政教、名哲、文化、风情等皆详列其中。他入阁秉政以后，又于嘉靖二十五年"博采旁搜，创为义例"，对其加以重修。这部方志的付梓刊行，进一步提高了他的学术和社会地位，可谓他前进道路上一块虽不巍峨但也颇为引人注目的碑石。

三 "北望几回仍赴阙"

严嵩并非真的鄙弃肥马轻裘，官职爵位。他把对富贵的热衷掩藏在用"恬淡自持"编织成的外衣之内。当名望已经养成，社会地位已经巩固之后，他便思念着离开钤山，返回朝廷，顺着那张已经绘制好的升官图继续攀登，以实现由翰林而内阁的宏愿。

他虽然极力掩饰，但内心的秘密，在钤山诗句中仍然隐约可见。试举一二，以窥其情。

将赴京作

七看梅发楚江滨，多难空余一病身。

阙下简书催物役，镜中癯貌愧冠绅。

非才岂合仍求仕，薄禄深悲不逮亲。

此日沧波理征棹，回瞻松柏自沾巾。

——《钤山堂集》卷二

此诗作于正德十年底、十一年初。朝廷召其回京复职，他再也抑制不住感情的波澜。出山吧，只有升官才能摆脱拮据潦倒的窘境，否则菲薄的俸禄连家都养不起。

将赴京登郡城春台作

浮生奔走遍尘埃，重对乡山病眼开。

北望几回仍赴阙，南还今日始登台。

——《钤山堂集》卷二

多少次地翘首北望，这一天终于来了。他要睁开病眼，像燕鹰一样展翅高飞了。

在经历一段"龙蛇之蛰"的过程之后，正德十一年严嵩回到了京师，这年他三十七岁。之所以在这个时候出山，除了对富贵的渴望外，客观环境对他也比较有利。对于复出的原因，他自己解释道，此时朝廷召其回朝，而自己恰好"疾愈"，所以"治装将如京师"。史家则云，"闻望日隆，诏书敦迫，公亦幡然不复东山之志矣"，遂携家赴京。病体恰在这时痊愈，未必真实；而其声望日高，蜚声宇内，朝廷重视，诏书催征，他看到升迁有望，毅然改变在野之志，则属可信。就是说，"养望"之策获得了成功。

正德后期，杨廷和在朝为相。杨廷和乃严嵩会试时的考官，有座师之情；大学士费宏与严嵩同乡，有桑梓之谊，他们得闻其隐居清誉，遂"诏书敦迫"，催其还朝。因此严嵩对他们感恩戴德，或登门拜谒，或赋诗称颂。

钤山时期的严嵩虽然保持着不与朝廷腐败势力同流合污的操节，但其品格上的某些弱点也已初露端倪。以归隐取誉于社会与日后以柔佞取宠于皇帝；逆境归隐，顺境出仕，看风转舵，随机应变，与日后政治斗争中狡诈多端的权术，在品格和手法上不能说没有某种内在的历史联系。

四 再隐钤山

正德十一年三月二十五日，严嵩告别钤山，北上京师。袁州知府徐琏、分宜知县萧时宾派船相送，县衙僚属及亲友、族众皆来钱行。经过三个多月的长途旅行，于七月十四日抵达北京。瞻望久违的宫阙，他不免心潮起伏，对前程寄予美好的期待。

严嵩载誉重归翰苑词垣，虽然仍任编修之职，但不时有重任落肩。正德十二年二月，礼部会试，严嵩充同考官，分阅《诗经》房试卷。该年十一月，受命教授内馆。"内馆"即"内书堂"，是小太监读书的处所，亦即宫内太监学校，隶属司礼监，由翰林院官员任教。严嵩执教内馆，获得了结识司礼监太监和皇帝近侍的机会，为日后腾达准备了内线。

编修属于"史官"，记注皇帝起居是他们经常性的任务。严嵩有柔媚的气质、撰写诗文的才华，他充分发挥自己的特长，即使是对正德皇帝的荒唐行为也要献上辉煌的颂词。

正德皇帝是中国历史上罕见的浪荡天子。他淫逸嬉游，亲昵佞幸。在皇城西苑建造"豹房"、"新寺"，贮纳美色，恣无厌之欲。赐都督江彬、锦衣卫帅钱宁等为义子，侍宿豹房，喝醉了酒，就枕着他们沉睡。调辽东、宣府、大同、延绥四镇边军屯驻京师，命江彬统帅，纵横都市，民无宁日。又在皇宫练兵，晨夕驰逐，甲光照宫苑，呼声达九门。最讨厌大臣们劝他视朝理政，因此不住宫内住豹房；豹房住厌了，便出京四处游玩。

十二年八月，正德皇帝微服简从，不令朝臣知晓，偷偷出了德胜门，向昌平方向游去。第二天，内阁大学士们慌忙出城追赶。在沙河追上了皇帝，但他决意不肯回宫。行至居庸关，被巡按御史张钦拦住。张钦厉色陈言，"臣万死不能奉命"；又对扈从人员宣布，"此皇家后门，有夺门者，御史手杀之"。皇帝无奈，转回豹房。

过了几天，又夜出德胜门，过居庸关，至宣府（今河北省宣化）。事先命心腹太监谷大用替代张钦守关，不准放过追谏之臣。在宣府期间，这位皇帝自称"总督军务威武大将军总兵官朱寿"，又自称"镇国公"，所驻之地称"军门"，所发诏令以总兵官印帖颁行。江彬在宣府为之建立"镇国府第"，将京城豹房之珍玩女伎移于其中。还经常夜间燕游，闯入民家，搜寻美妇，乐而忘返，称宣府为"家里"。为了取乐，装饰彩车数十辆，上载僧人、妇女，妇女各持圆球，彩车奔驰，圆球恰击僧人之头；或相互撞击，落车堕地。

在宣府度过五个月的"游龙戏凤"生活之后，正德十三年正月初七夜晚，驾还京师。先期传旨，群臣一律穿着戎装迎驾，为此朝廷发放绯绫罗纱五千余匹，令百官赶制戎服。至日高悬彩帐，群臣在夜色中冒着大雪，跪伏德胜门外迎候。

对于这种违背"君德"的举动，朝廷不少正直之士曾极力谏阻。御史张钦三次上疏，痛切指出"自古天子未有不以安民为重"者。给事中石天柱刺血上疏，谏阻巡幸。典膳李恭因谏请回銮而被拷打致死。而严嵩却专门谱写了"迎驾诗"、"回銮诗"，歌颂皇上"神武英雄才"、"帝德皇风被九垓"。

其实，在他内心深处并不一定真的认为北巡是什么"神武"之举。他在诗文中曾经写道，由于为迎驾百官赶制戎服而导致"糜财府库贫"；皇帝出游，"都城久虚，寰土靡固"，"晨夕忧惕"。尽管如此，他仍要称颂北巡，粉饰升平。这可真是曲意逢迎，故作媚态。

在对皇帝的歌颂声中，严嵩为自己迎来了第一次钦差。正德十三年七月，册封各藩府嗣位的亲王、郡王。朝廷命建平伯高霦为正使、翰林院编修严嵩为副使，赍诏前往广西桂林靖江王府，传制朱经栿袭封靖江王。严嵩为此感到非常荣幸。

十一月中旬，西行至湖广永州（今属湖南），严嵩拜谒柳宗元庙，凭吊其谪居遗迹。严嵩书法享有盛名，但存世真迹甚少见。永州市"柳宗元纪念馆"现藏刻有严嵩《寻愚溪谒柳子庙》诗手书碑石一通，书法潇洒俊秀。

十四年初，由桂林返回。正月二十二日，行至南岳衡山，恰值严嵩四十诞辰。在这不惑之年，他虽荣任钦差，但毕竟还是一位七品编修，"禄不逮养，学未有闻"，"勋业弗及时，白发忽生鬓"，而往时同年乃至后辈则多已联翩高位，因此不免感慨万分，将其苍凉惆怅之情抒发于《使粤稿》的诗篇中。

六月中旬，严嵩行至江西临江（今清江），遇"宸濠之变"。江西南昌宁王朱宸濠为争夺皇位举兵造反，率众号称十万，蔽江而下，攻打安庆，威逼南京。提督南赣汀漳军务副都御史王守仁起兵勤王。勤王义师从江西各府州县向南昌汇集而来。在此社稷危难之际，严嵩虽也忧心忡忡，但却既未兼程回朝，也未参加义师，而是再度告假，就地养病。临江府与南昌府比邻。在临江有一慧力古寺，幽邃清静，严嵩就在这里栖息下来。尽管羽檄频传，兵火连天，他依然漫游于青山碧水之间，沉吟于僧阁石堂之内。

王守仁仅仅用了一个多月的时间就平定了宁王之乱。叛乱平息后，严嵩继续滞留家乡养病。遨游山泽，宴友放歌，从分宜到宜春，从府城到省城，到处都留下了他的足迹和诗篇，悠然自得，似病非病。

看来严嵩再次隐卧钤山仍有政治上的考虑。一方面，这时政局仍然动荡不定。朱宸濠虽已被擒，但正德皇帝还非要亲自征伐一番不可。于是万乘启动，统师南征，同时派遣太监张忠、安边伯许泰、都督刘晖率军开赴南昌征剿"余贼"。十四年十二月，驻跸南京。这位荒唐天子假御驾亲征之名行寻欢作乐之实，流连忘返，经岁不回。道路苦于迎送，公私疲于供应，人心危疑。在这"狂焰四沸"、前景未卜之时，与其冒险回朝，不如静观坐等。另一方面，宸濠之乱平定后，御史吴阊曾弹劾严嵩与宸濠党羽太监毕真私通。这是"党恶害贤，欺天罔上，罪不容诛"之罪。严嵩上疏辩诬，说自己与毕真"素未尝相识，踪迹辽绝"，吴阊所云乃"迹涉于疑似之间，事得于传闻之误"。最后以事出有因，查无实据结案，严嵩免予追究。嫌疑在身，更不宜贸然回京、涉入政治漩涡中去。这些也许是严嵩又在钤山"养病"两年的真实原因。

十五年九月，皇帝班师行至清江浦（在今淮安），乘舟捕鱼，舟覆溺水，虽幸免于难，但自此发病。十二月，驾还北京。"宸濠之变"掀起的轩然大波日趋平静，严嵩的病体也随之康复。他又要出山了。他被重新燃起的富贵欲望鼓动得焦躁不安，赋诗云："当时同升侣，往往列金绯。吾岂薄荣利，贫病恒相羁。清晨阅明镜，了了见须眉。自非食肉相，藏拙安所宜。"（《钤山堂集》卷三）同科僚友一个个升了高官，我也并不是不要荣利。还是赶快回到翰林院吧，在那里再步步高攀。

十六年春，他乘着和煦的春风北上，四月中旬回到京城。这时正德皇帝已经驾崩豹房一个月；首辅杨廷和"独柄朝政"，革故鼎新；新朝天子朱厚熜正急忙从安陆赶来京师即位。严嵩在钤山袁水间又一次安然躲过一场政治风波。

第三章

议礼得宠

一 何谓"大礼议"

嘉靖年间是严嵩政治活动的主要时期。这个时期，他一步一步地登到官僚阶梯的顶端。而取宠的第一步则是竭诚赞附皇帝"议大礼"。"大礼议"是明代政治史、文化史上的一件大事，许多朝廷重臣的升降、去留，乃至生死，都与对此事的态度有关。嘉靖皇帝为什么要钦命议"大礼"？严嵩何以会因为议礼而得宠？这还得从头说起。

武宗正德皇帝逝世时仅三十一岁。那时他既未生子立嗣，又无同父兄弟。帝位由谁继承？这个封建时代的头等大事尖锐地摆在朱氏皇族和满朝文武的面前。内阁首辅杨廷和以《皇明祖训》中"兄终弟及"的规定为依据，提出迎立武宗叔父之子朱厚熜入继帝位。杨廷和的迎立之议得到慈寿皇太后（武宗生母）的准允，形成定策，以武宗"遗诏"和太后"懿旨"的名义公布天下。朱厚熜时年十五岁，由兴王府迎来北京，于正德十六年四月二十二日继皇位，改明年为嘉靖元年（1522），在位四十五年（1522—1566），是为世宗。

朱厚熜是兴献王朱祐杬的独生子。宪宗成化皇帝有十四个儿子，第三子朱祐樘嗣帝位，是为孝宗弘治皇帝；第四子朱祐杬封为兴献王，王府在湖广承天（今湖北钟祥）。孝宗传位于武宗朱厚照，兴献王传位于朱厚熜。朱厚熜袭封王位后的几天，武宗逝世。这一世系关系如下表：

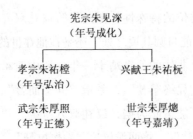

按照封建宗法制度，皇嫡长子为大宗，为帝统，是皇位的继承者；其他皇子为小宗，为旁支，分封为王。朱厚熜并不属于大宗宪宗——孝宗——武宗宗系，而属于小宗兴献王宗系；并不是以皇太子而是以外藩亲王入继帝位，这样便在封建礼仪上产生了一系列严重问题。是只继帝统，还是既继帝统，又继宗统？是仍为亲生父母之后，还是过继给伯父孝宗、伯母慈寿太后为后？如何追尊亲生父母的封号？等等。在嘉靖皇帝的亲自发动下，举朝上下围绕这些问题展开了规模巨大、旷日持久的争论。这便是嘉靖年间的"大礼议"，它持续了二十年之久。

大礼议分为两大派，一派以嘉靖皇帝为首，一派以首辅杨廷和为首，最终以皇帝胜利而结束。皇帝诏令只继统，不继嗣，即只继帝统，不继宗统；追尊嘉靖皇帝父亲为"恭穆献皇帝"，庙号睿宗，袝入太庙，按照皇帝典礼祭祀之；追尊母亲为"章圣皇太后"。嘉靖皇帝的父亲生前虽未身为天子，但"以子帝父"，至此作为一位死去的天子来尊崇的一切尊号、徽号、典礼皆已齐备。对父亲的追尊已是无以复加，自己的皇权也已登峰造极，"大礼议"遂在"皇上万岁"声中收场。

为了追认一个没有做过皇帝的人为皇帝，朝廷内外争论了二十年之久，有的人甚至为此牺牲了生命。这在今天看来似乎难以理解，但在当时却是合乎逻辑的。封建宗法观念和制度是皇位继承的依据，也是维护和加强皇权的法宝。它不仅对劳动民众有巨大的麻醉作用，而且对统治阶级也有很强的约束力。如果根据封建宗法对皇帝的宗统或继位的合法性提出异议，那么就会严重地威胁皇帝的尊严和皇位的稳固。因此嘉靖皇帝那样热心于"中兴礼乐"，其最终目的只不过是为了巩固皇位、加强皇权罢了。

由于嘉靖皇帝继位的特殊性，因此尽管议礼双方都在搜索枯肠，论证它的合法性，但仍有不能自圆其说之处。还是在他在世的时候，便已有人隐约地提出他的继位实际是非法的。嘉靖十一年，原山西霍州知州陈采上疏提出，《皇明祖训》所说"兄终弟及"，系指"同父而言"，嘉靖皇帝与正德皇帝乃叔伯兄弟，因此不能援此为据，议礼双方所讲，"事皆无稽，难以施诸宗庙"，"阴坏祖宗成法"，将两派议论"一概掀翻"。皇帝大怒，将其逮捕治罪。按照这种说法，嘉靖皇帝本来无资格继承皇位，问题竟是如此的严重。这也就是为什么他要不顾一切地把议礼进行到底的根本原因。议礼之争是不可避免的。它是封建宗法制度和封建君主制度的必然产物，由此决定了议礼的理论之争必然会发展为封建统治集团内部的政治斗争。

大礼议对历史发展产生了严重的消极影响。嘉靖皇帝以旁支小宗入继大统，内心深处实际上隐藏着难言的自卑感和不安。杨廷和等人的"继嗣"论萦绕在他的心头，必须制服群臣才能树立严威。自卑心理转化为刚愎、猜忌、横暴、独断，处处标新立异，时时戒备群臣，千方百计树立威权。经过大礼议，在理论和礼仪上终于为自己树立了正统地位；在权力上终于独揽乾纲，威慑群臣。除强化了皇权外，还产生了许多其他严重后果。由于朝野上下都把主要精力集中于议礼，因此干扰、冲击、扰乱了政治、经济的进步性改革；由于只要顺着嘉靖皇帝的意愿议礼有功，便可飞黄腾达，甚至一跃而为巨卿宰辅，因此酿成谄媚之风；由于议礼两派党同伐异，势不两立，因此酿成党争之风。所有这一切都加重了朝政的腐败，因此史家说"吏治繁伪，兵政窳（窳，瘦弱；懒惰）惰，民力虚耗，亦由是始"。

二 国子监祭酒

严嵩二出钤山，大礼之争方兴。这时他在两军对垒中并没有发表什么引人注目的言论，但基本倾向是清楚的。他依顺新皇，而与座师首辅杨廷和相悖。幼主登极，立即宣诏迎奉母亲来京，崇以母后之礼。严嵩撰写《奉迎慈圣歌》，明确表示对皇帝尊崇父母的支持。

大礼议刚刚开场，正德十六年八月严嵩被任命为南京翰林院侍读。也许是他的不合作态度惹怒了首辅杨廷和，因此官品虽然提升了一级，但却由朝廷史官外调为陪都散职。不过这倒使他在大礼议的白热化阶段，避开了发生在京师的几乎把所有朝臣都席卷进去的政治风浪。

嘉靖三年，杨廷和因在大礼议中对抗皇帝的意旨，罢相还乡。

嘉靖四年五月，严嵩由南京调回北京，升任国子监祭酒。舆论纷传，严嵩这次升迁与同乡大学士费宏、詹事府詹事桂萼的援引有关。费宏，江西铅山人，正德九年致仕，嘉靖皇帝即位，召其入阁辅政，嘉靖四年接替杨廷和为首辅。严嵩乡居期间，曾赴铅山故里拜访费宏。桂萼，江西安仁人，因议礼而骤贵，宠信有加。严嵩承认，与桂萼"委的随众交际往还，不能避远形迹"，并延请老师，使其子与己子共学。

国子监又名国学、国子学、太学，乃国家最高学府，"天下贤关，礼义所由出，人材所由兴"。祭酒乃国子监最高长官，明初择有学行者任之，后皆由翰林官迁转，甚为尊贵。祭酒的职责是：执掌国学诸生训导政令；皇帝派遣大臣祭祀先师孔子，则总其礼仪；皇帝驾幸国学，则执经坐讲；新进士释褐（脱去布衣，换穿官服），则坐而受拜。严嵩由六品侍读破格超升为从四品祭酒，掌管国家育才之地，身价陡然倍增。

严嵩在祭酒任上，对国子监的建设提出过一些有益的意见。嘉靖六年十月，上《请复旧规以惠养生徒》疏，提出国子监诸生许多人都"室家在念，饥寒切身"，户部仓库中积米虽已红腐，但学生却缺"朝夕之供"，因此请复旧制，仍给诸生膳金，朝廷从之。嘉靖七年二月，上《修陈监学事宜》疏，提出朝廷为了增加收入，在举监、贡监学生之外，又设"纳银之例贡"，即用银买充国子监监生。这样做的弊病是会形成"骄佚躁薄之风"，即使不用功读书，也可买得国学监生，以致"恩倖竞趋，童昏并进"。为了防止"以货易进，蹈前代鬻爵之失"，请停止召收纳捐之例监。又提出，按定制，监生一名，月支馔米三斗，有家小者月支六斗，后因边事告急，入监后头两个月的馔米予以扣除，望"惠于斯士"，予以恢复。

嘉靖六年五月，命侍郎桂萼、侍郎张璁、詹事董圮、祭酒严嵩、谕德顾鼎臣等俱值经筵日讲。嘉靖皇帝年方二十，对于政事、御讲还不像后来那样怠惰。所谓"经筵"、"日讲"，即由讲官给皇帝讲解四书经史。经筵，明初无定日，亦无定所；正统初年始著为常仪，每月逢二之日，于文华殿进讲。开讲之日，由勋臣一人主持其事，内阁学士协助，尚书、都御史、通政使、大理寺卿及学士等侍班，翰林院、春坊官及国子监祭酒二人进讲，讲毕赐以酒饭。日讲，视朝、经筵之外，每日令讲官侍文华殿（嘉靖时在无逸殿），等候皇帝口宣"先生来"，即进而讲读经史，解答疑难。

严嵩以祭酒充任讲官，是与嘉靖皇帝当面接触的开始。这是皇帝熟悉严嵩，严嵩向皇帝面奉忠谨和才学的难得机遇，为其日后登上宰辅宝座铺下一块基石。他踌躇满志，以美好的诗句记述了"通天"的荣耀和对皇恩的感戴：

经筵宴罢有述

衮席龙盘宸，仙班鹭列行。赐筵沾玉醴，归袖带炉香。

身到钧天近，恩垂湛露瀼。圣朝儒学贵，虚薄愧明扬。

——《钤山堂集》卷八

　　经筵、日讲的中心内容是儒家倡导的君德修养和治国平天下的方略。讲官事先编写出"讲章"。从封建政治学说来看，讲官们所讲述的儒学观点"诚万世君人者之龟鉴"。帝王将相们苟能将其付诸实施，还是可望收到国治民安之效的。可悲的是，严嵩日后柄政，不仅在实践上未能贯彻这些行为规范，而且在理论上也将其束之高阁，不再用其劝谏皇帝，终致朝政日乱，国事日非。倘若他能始克以终，也不致落个"奸相"的恶名。

三 得君之始

嘉靖七年四月，严嵩升任礼部右侍郎（三品）。次年三月，进左侍郎。在大礼议中，攀龙附凤者一个接一个地扶摇直上，严嵩甚是羡慕。他终于等来了一次为大礼议直接效力的机会。

嘉靖三年三月，皇帝尊称其父陵寝为显陵。该陵在承天府钟祥之北松林山（后赐名"纯德山"），嘉靖六年十二月命工部依照北京天寿山皇陵规格加以修建。此项工程，需费白银六十万两。武昌、汉阳、黄州、德安、荆州、岳州等府所辖五十余州县，各派夫役，或一千，或五六百，共三万多人；陵墓所在地的安陆州（后改名承天府），负担尤为繁重。嘉靖七年七月，颁诏加尊其父"恭睿渊仁宽穆神圣献皇帝"谥号，派遣使臣赍谥册、神主、香宝、祝帛前往显陵祭告，并督视修陵礼仪。这一钦差的正使是成国公朱麟，副使是礼部侍郎严嵩。按照惯例，大礼之使皆由"中贵列侯"充任，严嵩以礼部侍郎担任副使，实乃破格之选。严嵩对于破格擢用诚惶诚恐，惊喜若狂。

严嵩的忠谨给嘉靖皇帝留下良好的印象。尤其使皇帝高兴的是他对"祥瑞"的鼓吹。七年十二月，严嵩自显陵还京，向圣上奏报，在祭告显陵时曾出现"云石风雨，鹤集河涨"的吉祥征兆。他说，"天眷陛下灵异"，在恭上册宝之前，"燠（燠，闷热）云酿雨"；但在恭奉之时，却"灵风飒然，若神灵仿佛而来下"。在安放神主前夕，"愁霖（霖，久雨不止）彻霄"；及至行礼之际，却"祥曦（曦，阳光）散彩，群臣欢庆而动色"。在为显陵采选碑石时，又"白石产枣阳（今属湖北省），有群鹤集绕之祥；碑物入汉江，有河流骤涨之异"，此二事尤为特殊。从前太宗文皇帝（即明成祖永乐皇帝），为太祖（朱元璋）孝陵建碑，得美石于阳山，学士胡广撰文纪圣；营建北京，又得大木于蜀，有巨石挡道，"夜闻吼声如雷，石划而开"，大木从中间运出。当今出现的奇灵之瑞，与永乐时"事适相类"，因此亦应命内阁辅臣撰文，工部镌刻立石，"以纪天眷，以隆圣孝，昭示万世"。

嘉靖皇帝的继位与永乐皇帝有某些相似之处。他们都不是以皇太子，而是以亲王入主天下的，因此嘉靖皇帝对永乐皇帝给予特殊的推崇，后来将其庙号由太宗提高为成祖。严嵩不仅编织了美丽斑斓的祥瑞神话，而且将显陵比作孝陵，将兴献王比作开国皇帝太祖，将嘉靖皇帝比作永乐皇帝，这真是对正在深入发展的大礼议的巨大支持，而且他是朝中最早作这样比拟的，因此"皇上大悦"，褒扬他所言"出自忠直"，依其所请，"撰文立石垂后"。这是严嵩"得君之始"。史家指出，其所奏祥瑞云云，"皆恍惚有无，非有目者所共睹"，乃"出一时导谀之口"，观其后来"专宠狼藉，则贡符、献瑞为之权舆矣"。就是说，编造祥瑞，阿谀谄媚是其获取宠幸的手段。

所谓"祥瑞"完全是自欺欺人之谈。就在严嵩神秘地赞美白石出、群鹤舞的吉祥征兆时，上天不仅没有降下洪福，反倒灾荒遍地。严嵩本人在出使途中目睹了哀鸿遍野的惨状："民食麻叶树皮，饥殍载路"，"取子女鬻卖得钱不及一饱，孩子至弃野中而去"，洛阳、陕州、灵宝诸处尤甚，"人相残食，旬日之内报冻死者二千余人"。面对饿殍载路、人相残食的悲惨情景，严嵩也不能不动恻隐之情，他在上疏中向皇帝报告了沿途所见灾情。但是，他又知道，当今皇上祈求长生，迷信神仙，追尊父母，树立君威，因此又不得不昧着良知，投其所好，编织祥瑞，粉饰太平。

出使归来，严嵩所沾皇帝恩泽日渐增多。诏赐从游西苑行宫，奉命陪祀谷祇神坛，官阶也在步步高升。嘉靖十年十月，由礼部左侍郎改吏部左侍郎。同年十二月，升为南京礼部尚书（正二品）。十二年六月，改为南京吏部尚书。陪都南京所设部院虽属闲散之地，但做了尚书，就进入了九卿大臣之列，有了很高的政治地位，而且由此比较容易过渡到朝廷部院，操掌实权。因此他

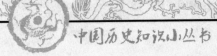
的心情是兴奋的，在离开北京赴任时赋诗曰：

五云回首望宸宫，感激皇恩覆载同。
身比马牛难报主，心随江汉亦朝宗。

——《钤山堂集》卷九

四 升任礼部尚书

严嵩在南京做了五年闲职尚书，时已年近花甲。嘉靖十五年五月，在内阁首辅李时和礼部尚书夏言的努力下，严嵩调回京师，以礼部尚书兼翰林学士总理史馆，主持重修《宋史》及辑录列圣文集、九经二十一史等事。"讲幄旧臣江海别，濡毫犹得奉天颜"，昔日文华殿讲官又回到了天子的身边。

该年闰十二月，夏言入阁，推荐严嵩执掌礼部。按照惯例，严嵩上疏"辞免"。在奏疏中，他颂扬皇上"圣学渊微，文理密察，制礼作乐，迈冠百王；析义据经，识高千古"。嘉靖皇帝听着赞歌，心里极为舒服，在严嵩的奏疏上朱批道："卿学识该明，性资缜密，春官（礼部尚书）重寄，朕所简升。履端在近，朝廷典礼方殷，宜即赴部供职，不允辞。""旷世奇逢，千载一遇"，严嵩决心"奋策驽力，仰答鸿私"。赴部履任之日，又向夏言呈诗四首，对他的知己之恩表示感激，诗中有云"拔擢渐分非，遭逢庆此身"，"少傅（夏言）知予久，交承分愈亲"。

明代礼部尚书职权范围很广，礼乐仪制、科举学校、学术文化、伦理风俗、亲藩、民族、宗教以及接待外国使臣等皆为所领，"由此登公孤（太师、太傅、太保为三公，正一品；少师、少傅、少保为三孤，从一品），任辅导"。自此严嵩经常接受皇帝召见，承充顾问，"环跪榻前，面授意指"。"登公孤，任辅导"的日子已经指日可待。他心花怒放，感激涕零："龙幄近瞻颜咫尺，玉音亲听语分明。不知何幸纡（纤，结；系）皇眷，无限依依犬马情。"

严嵩执掌礼部六年余，如履薄冰，夙夜匪懈，为嘉靖皇帝的礼仪"中兴"作出了重大贡献。现存他的《南宫奏议》辑录了其在礼部时期的奏议，所载有关大礼、大仪、大庆、大恤、大狩、郊社、宗庙、陵寝、祀典、朝贺、燕享、修省、宗藩、学校、教胄、选举、邦典、官政、褒劝、存问、恩恤、夷情等礼仪和方略的奏章二百七十七件，"凡礼乐之兴修，禋祀之秩叙，政教之设施，四夷之朝贡，既已概具"。真是殚精竭虑，忠勤敏达。

礼部诸务丛集，而确保封建纲常礼教的贯彻则是其全部职掌的根本。严嵩忠实地坚持了这个根本。嘉靖年间，阳明（王守仁号阳明）心学风靡社会，王门弟子遍布天下。他们纷纷建书院，立学社，聚徒讲学。在这些书院中听讲者，动辄百余人，以至数百人，上千人。心学含有抨击圣贤偶像和封建礼教束缚的积极因素，王门讲学风气的勃兴是对封建文化专制统治的强烈冲击，引起朝廷的恐惧。为了"求正道"、"正风化"，严嵩接任礼部尚书伊始，便上疏提出禁止私办书院、不许附和心学的主张。皇帝批答说："书院不奉明旨，私自创建"，"着有司即便改毁"，"近来阳倡道学，阴怀邪僻之人，照前旨通行严加禁约，不许踵袭，以坏士习"。

钳制知识分子的思想还表现在科举考试上。绝不允许借出题或答卷之机讥刺、诋毁皇帝，礼部尚书有监督纠举之责。嘉靖十六年九月，严嵩弹劾应天（今南京，南直隶各府乡试在此举行）乡试试题犯"讥讪"皇帝之禁，结果考官、同考官、监察御史及应天府官员皆受惩治。该年十二月，严嵩又劾奏广东乡试录"语多不经"，"诡异尤甚"，嘉靖皇帝甚怒，相关官员皆受惩罚。

在嘉靖朝，礼部尚书还肩负着拟议大礼和撰写青词的特殊使命。对大礼和修仙的态度是嘉靖皇帝选任大臣的最重要的标准。严嵩仔细地思考了前任们的经历，愈加感到只有在议礼和玄修方面"谬为恭谨，迎合上意"，才能赢得皇帝的欢心。张璁、夏言不都是因为赞襄议礼玄修而由礼部尚书擢升为内阁首辅的吗？他也要走这条路，借此而升腾。于是阿谀兴献帝称宗祔庙，"眷遇日隆"。关于这方面的具体情形，将在以下章节中详加叙述。

升任礼部尚书是严嵩政治生涯的重要转折点。封建权力的增大往往意味着腐败程度的加深，一旦权力在握，便要利用它进一步扩展权势，攫取财物，以图大富大贵。在贪婪的富贵欲望的驱使下，他发生了质的变化，愈来愈曲意逢迎，献媚求宠；谗毁构陷，倾轧异己；卖官鬻爵，贪赃受贿。从客观环境来看，升任礼部尚书之后已经进入朝政决策圈，便殿召见，面授圣旨。在刚愎自用的嘉靖皇帝面前，作为九卿之一的严嵩或者俯仰由君，顺旨饰非，从而求得宠幸；或者刚直不阿，直言谏诤，从而遭到贬斥，再也不能像从前那样鼠首两端，壁上观望了。这是严嵩堕落的外部原因。关于他的蜕变，也将在以下章节中详加剖析。

因人废言，史家所忌。严嵩在做礼部尚书时也曾做过一些有益的事情。他多次根据地方的请求奏准在边远州县和兵卫建立学校。嘉靖十七年六月，奏准湖广郧阳府郧县（今属湖北）修复县学。十九年六月，奏准贵州婺川县（今务川）建立县学，广西隆安县学准设教官一员。二十一年五月，奏准金山（今属上海）卫学设立廪膳生员二十名。二十一年九月，奏准云南马龙州等处建立儒学。二十一年十一月，奏准贵州普定（今安顺）等卫学设立廪膳生员二十名。

嘉靖十六年十二月，光禄寺奏请增添厨役一百五十名。据嘉靖九年规定，光禄寺厨役不满四千名时方可添补，而此时已经超过四千，因此户科都给事中杨僎上疏强烈反对增添。严嵩调停其间，先是提出量增一百名，后又减至七八十名，以便"节财惜费"，并提出今后光禄寺官员不得将厨役"滥占跟用"，"服役私室"。

礼部负有接待外国贡使的职责。自嘉靖二年"贡使之役"以后，日本贡使不至者十有七年。嘉靖十八年闰七月，日本贡使复至，一方面"卑词纳贡"，另一方面又提出三项非理要求。于是在朝野引起"通贡"与"绝贡"两种不同主张的争论。严嵩主张，对日本贡使应采取"恩威并著，既不拒其来王之诚，而亦遏其非礼之望"的方针，对其非法之求，"以义裁之"；若其"帖然畏服"，则宜依照"赴京有常期，夷使有常数，进献有常物，宴赏有常格"的祖宗成法许其入贡。嘉靖皇帝批准了严嵩的意见。尽管日后他对倭患加剧负有不可推卸的历史责任，但此时提出的处理日本贡使的策略还是明智的。

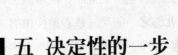

五 决定性的一步

严嵩任礼部尚书期间，"大礼议"进入最后阶段，也是最高阶段。在他"秉虔尽职"，积极谋划之下，嘉靖皇帝使其父"称宗入庙"的夙愿终得实现。

按照封建礼制，在位之君生时称皇帝；死后加庙号，称祖，称宗，并以一定昭（父）穆（子）序列祭入太庙（已故皇帝的神主庙）。生为帝统，死为庙统。嘉靖皇帝的父亲在世时虽然没有做过皇帝，但他要将其作为皇帝来尊崇。此前虽已追尊为皇帝，但尚未称宗入庙，礼仪仍不完备。

还是在嘉靖四年，即大礼议的第一阶段，嘉靖皇帝就想解决这个问题，但因阻力太大，未能如愿。然而嘉靖皇帝并未死心，谄媚求荣者也在窥测时机。事隔十几年之后，称宗入庙的声浪又一次兴起。首先登场的是丰坊。丰坊，浙江鄞县（今宁波）人，初为礼部主事，为人有文无行，人皆厌之。其父翰林学士丰熙是左顺门事件（嘉靖三年，朝臣二百二十余人跪伏左顺门请愿，抵抗皇上的议礼主张）领袖之一，死于云南戍所。丰坊当时也曾随父伏阙请愿，受杖贬官。此后父子殊途异志，丰坊摇身一变，尽食前言，进京上疏，提出复古礼，建明堂，尊兴献皇帝为宗，以配上帝；各地郡县也立明堂，岁时祝拜，以尊朝廷。嘉靖皇帝得此奏疏，甚是高兴，命令礼部立即施行。

"明堂"之制是天子祭祀上帝的古礼。按封建天命观的理论，人间的皇帝乃是非人间的"天帝"的儿子，代表天帝统治人世，故称"天之宗子"。天子事天，如同子之事父，一年之中有四次祭祀之礼。即冬至圜丘礼，孟春祈谷礼，孟夏雩坛礼，季秋明堂礼。其中圜丘、祈谷、雩坛是"郊祭"礼，郊祭祭天；明堂是"堂祭"礼，堂祭祭帝。"天即帝也"。在祭天时，由"始封之祖有圣人之功者"配祭；祭帝时，由"继体之君有圣人之德者"配祭。明代嘉靖以前，郊天之礼由太祖朱元璋配祭；而明堂祭帝之礼未定。依照周礼，若建明堂，则应由继承和发展明太祖基业的明太宗（永乐皇帝）朱棣配祭。但此时丰坊却大胆地提出加尊嘉靖皇帝父亲庙号，称宗，在明堂秋祭时配享上帝，取太宗朱棣地位而代之。丰坊的建议引起士大夫的普遍反对，斥其"勇于为恶"，"天下皆恨其诒"。

摆在礼部尚书严嵩面前的是一个难于应付的局面。顺从皇帝吧，会招致众怒；抗旨不遵吧，失宠罢官的厄运便会降临。他小心谨慎地研究着策略。嘉靖十七年六月，先呈上一份名为《明堂秋享大礼议》的模棱两可的奏疏，对明堂之制及称宗入庙等没敢明确表示可否，而是踢给了皇帝本人，"伏乞圣明裁之"。

严嵩自谓左右逢源，必当上意。岂料皇帝对其圆滑的骑墙态度颇为不悦，于是找来内阁大学士夏言，希望他挺身而出，为议礼再立新功。但是夏言对此"噤不敢出一语"，违旨不遵，皇帝碰了钉子。对于群臣不肯从旨的举动，皇帝愤怒地说：皇考配享称宗，"乌在其为不宜也"？令礼部再集廷臣会议，必按其志施行。朝臣中不乏不畏淫威，直言谏诤之士。户部侍郎唐胄抗旨力争，提出应由太宗而不应由兴献帝配祭，并对严嵩的奏疏提出批评。此疏呈上，龙颜大怒，唐胄被逮入狱，削官为民。见此阵势，严嵩吓破了胆，连忙改口，再上《奉旨以献皇帝配帝复议》，明确表示皇上的圣谕"圣明卓见，已出寻常万万"，"千百世莫之有易者"，因此应该依照圣上之意，由皇上父亲兴献皇帝配祭。对于他能够改弦更张，皇帝表示"嘉纳之"。主管礼仪的礼部尚书态度的转变具有举足轻重的作用，于是明堂秋祭之礼便以兴献皇帝配享决定了下来。

称宗、入庙之议仍是悬案。为此嘉靖皇帝以假设同臣下问答的形式，亲自撰写《明堂或问》一文，阐述自己的主张，要求群臣鹦鹉学舌，予以迎合附会。文中怒斥抗旨者"愚哄其君，残狠之无比"，蛮横地提出"必称宗、必祔庙"，其父必须与曾经君临天下的天子一样享有完备的"一代宗庙之礼"。同时又提出，太宗通过"靖难"，由亲王而继帝位，其功与"再创一般"，因此庙号应由"宗"而升为"祖"，以区别于其他列圣。

在嘉靖议礼中，谁能顺着皇帝的意愿把理由编织得圆满，谁就能够得宠。如果说，在议明堂配祭开始时，严嵩还有些观望的话，那么在此时则彻底顺旨，绝对逢迎，皇帝《明堂或问》一出，立即"博考群籍，广集众思，连日反复思惟"，连续上疏，制造舆论，表达忠心。在这些奏章中，他首先痛骂了自己的"愚谫肤陋"，致使一度发表了与皇上意志不尽相合的意见。接着便对皇上稽古定制的勋业及必须称宗入庙的圣谕大加吹捧，说什么这是"举百王之旷礼，垂亿代之鸿名"。他还肉麻地将嘉靖皇帝父子比作周文王、周武王，将其捧到开国之君的地位，以致明太祖、太宗也为之黯然失色。奏疏还论述了兴献皇帝称宗入庙的合理性及具体方案，提出兴献皇帝"隆以宗称"，乃是"万世一定，不可易也"的事情；兴献皇帝与孝宗皇帝是同父兄弟，同为一世，因此称宗之后，宜奉其神主祔孝宗之庙，与孝宗同居昭位，而序居穆位的武宗之上。

严嵩奏疏一出，"群臣翕然（翕然，一致）无复异议"。严嵩阿谀得尽管令人作呕，但却获得成功，皇上"乃悉如所拟"，称宗祔庙遂成定局。嘉靖十七年九月，改太宗为成祖；追加兴献皇帝睿宗庙号，祔入太庙；于元极殿祭祀上帝，睿宗兴献皇帝配祭。嘉靖皇帝不仅使父亲称宗入庙，而且使之与成祖同尊。至此持续十七年的大礼议达到顶峰。而这场压轴戏的前台主演就是严嵩，真可谓功莫大焉。举行称宗祔庙典礼时，严嵩受命充任知大礼上册使，皇帝连日召见，以"宗伯"（礼部尚书）相称，而不呼其名。

然而严嵩感觉这场戏表演得还不够充分，又编造了一篇天人感应的神话。据说，在举行明堂大祭仪式的前日中午，在太阳周围出现五色云气，这是"孝德纯至而格天"的象征。严嵩为此洋洋洒洒地作了一篇《景云赋》，对皇上议礼的功德予以尽情的讴歌。

为了给大礼议作最后的总结，严嵩还有一篇有名的《大礼告成颂》。他文采出众的词赋为大祭之礼制造了热烈而神秘的气氛。嘉靖皇帝对祥瑞之贺有特殊爱好，命将他的颂词藏之史馆，并誊录赏玩。严嵩有诗纪此殊荣：

黄绫写颂奏金銮，缛典新成际会难。

御笔已批留史馆，又教抄在禁中看。

——《钤山堂集》卷一三

　　为了酬奖严嵩在议礼中"秉虔尽职"，皇上赐其白银百两，彩帛四百幅，钞四千贯，加太子太保。严嵩谢恩道："特降纶音，超加宫秩，九重茂渥，一品崇阶，此微臣始望之所不及，而孱器之所难堪者。"（严嵩《历官表奏》卷五）除夕、元旦又赐其光禄酒馔及长春酒，并御札赐谕。但是当时及后世很多人都指出，即使从封建礼仪本身来看，丰坊、严嵩的主张也是错误的。

　　在严嵩的仕途中，促成"称宗入庙"是具有决定意义的一步。这是他政治生涯的新起点。现在严嵩已经不可动摇地取得了皇帝的宠爱。尽管抨击他贪污受贿、谄谀误政的声浪迭起，但他依然稳坐南宫。与此相反，宰辅夏言却在逐步丧失皇帝的欢心。在大礼议的最后阶段，夏言不愿苟同，噤若寒蝉，"至使分宜（严嵩）掠其美而定其议，天子心衔之矣"。夏言的失宠，正是严嵩的幸运。他正在暗暗思忖如何凭借皇上的宠信打败夏言，夺取宰相宝座。

六 扈驾南巡

嘉靖皇帝刚一登极，便以非常隆重的礼仪将他的母亲蒋王妃从承天迎来北京。据说此役"用船四千艘，人夫四十万，江行考递水手数千人"。后来在"大礼议"中，又将她追尊为章圣皇太后。嘉靖十七年十二月，蒋太后病逝。围绕她的葬地问题，朝廷又展开一场争论，这是"大礼议"的尾声。

嘉靖皇帝的父亲葬于承天纯德山，即显陵。现在其母是与其父合葬，还是分葬？若合葬，是其母梓宫南祔显陵，还是显陵北迁京郊天寿山？这又是封建礼仪中的一个大问题。嘉靖皇帝忽而下诏北迁，忽而下诏南祔，犹豫不决，反复不定。其初命于天寿山之大峪山建造陵寝，父母于此合葬，并亲往阅视地势。接着又欲梓宫南祔，为相度山陵，决定南巡承天。于是命皇太子坐镇京师监国，又命翊国公郭勋、成国公朱希忠、京山侯崔元、咸宁侯仇鸾、东宁伯焦栋、首辅夏言、吏部尚书许赞、礼部尚书严嵩、户部尚书李廷相、兵部尚书王廷相、刑部尚书杨志学、工部尚书蒋瑶、道士陶仲文等扈跸从行，皇后、皇妃随侍。其他府、部、院、寺扈从官员、胥吏、人役、厨役、乐工等甚众。

万乘出动，天下劳扰。拣选扈驾锦衣卫、官军，筹措夫马钱粮，准备诸般御物，建造行宫席殿，修筑道路桥梁，官民苦不堪言。兵部上呈《扈从事宜》、礼部尚书严嵩上呈《南狩注》，对一应供给、礼仪、护卫等作了详细规定，仅护驾锦衣卫及团营官兵即达一万五千余人，民夫万余人，锦衣卫、团营马匹万余匹，扈从人员马匹每处六千余匹。除发给扈从官军、各项人役行粮外，还命户部官员携带太仓库银三十万两，沿途置办。

当时，中原饥荒，朝中有识之士再三谏阻南巡。嘉靖皇帝不仅不听，反而斥责他们"为沽名之举"，予以处罚。军卒孙堂不畏斧钺之诛，闯宫拦驾，更为动人。皇帝起驾前夕，孙堂由西阙门潜入皇宫，至午门，从御路至奉天门下，登上金台坐之。守门官吏谁也没有发觉，到了天亮，孙堂从上呼叫，方才发现，将其逮捕。孙堂理直气壮地说："沿途搭盖行宫、席殿，累死军民大半，因此我来拦驾。"一意孤行的嘉靖皇帝是不会因谏阻和拦驾而改变自己的决定的，相反却滥施淫威，将孙堂处以绞刑。

严嵩倒是意坚志定。作为朝中主管礼仪的官员，他任凭朝臣如何谏阻，对南巡一听"圣意自裁"，"唯诺奉行"，"如傀儡之受牵"。他这样向皇上表白他的顺从和"勇往直前"：南巡之举是皇上亲自决定的，但是一时人情汹汹，纷纷反对，并且全都"归咎于臣"，当此之时，"臣愈狼狈，欲避不能，只得勇往直前，旦夕扈从"。自己代君受过，献媚求宠的心态描绘得淋漓尽致，惟妙惟肖。尽管已成众矢之的，但对南巡依然殚精竭虑，在短时间内迅速草拟出皇帝父母葬祭仪礼二十二篇，皇帝巡幸仪礼二十一篇，为合葬及南巡礼仪作了精心细致的设计和安排。

对于严嵩的忠勤，皇上给予了特殊的宠信和优待。这时他虽然还只是一名尚书，但召见议事及诸般赏赐皆与外戚勋臣、内阁首辅相同，大大超出其他尚书之上。嘉靖十八年二月初五，皇上察视奉天殿陈设，赐严嵩银五十两，纻丝四表里。二月十三日，皇上召见于文华殿，将其父睿宗献皇帝的手书"天光云影，八音克谐"大字横匾赐予严嵩。二月十六日，驾发京师，赐严嵩大红罗五彩飞鱼服一件，彩织方袋、银瓢、刀箸各一。

嘉靖十八年二月十六日，圣驾自京师启行，由陆路向南进发。御驾所至，大小官员迎接不暇，亲王宗藩出城候驾，跪迎道旁。赵王迎于磁州（今河北磁县），汝王迎于卫辉（今河南汲县），周王府世孙迎于郑州，郑王迎于新郑（今属河南），徽王迎于禹州（今河南禹县），唐王迎于南阳（今河南），"朝宗王会之盛极矣"。沿途地方官员因供办物品"违误"而逮入行在诏狱、拷讯为民者甚众。如北直隶顺天府，自府尹、密云副使、天津副使以下七十二名官员皆被逮拟罪。

途中行宫多次火灾，尤以卫辉为烈。夜四更，卫辉行殿起火，火势迅速蔓延。太监、宫婢多被烧死，法物、宝玉尽化灰烬，嘉靖皇帝"遑遽莫知所避"，险些葬身火海。幸有锦衣卫署指挥使陆炳冲入他的卧室，将其从火焰中背出。皇帝盛怒不已，下令逮捕督理兵部右侍郎张衍庆、河南布政使姚文清等多名官员下行在镇抚司狱，削官为民。又令卫辉府官员，除留一人守护本府官印外，其余全部加戴刑具，押缚驾前示众，然后廷杖，戍边为民。

人各有志。严嵩以六十高龄，不畏鞍马颠簸，一路小心谨慎，随时应召奏对，"触口纵笔，占肆成牍"，并不时赋诗，以颂"千春稀事"。态度不同，待遇各异。在众官员纷纷罹罪之时，严嵩却屡受奖赏。在安肃行宫赐压袋银钱，镌文"嘉靖年造"；在真定行宫赐银镀金酒杯、沙金漆盘；在荥泽赐御笔诗；在钧州行宫赐梅苏丸、解劳汤、松竹梅鸾带；在襄城行宫赐画面扇并象牙雕刻寿仙缀子；在承天赐金镶宝石、瓷器、马匹等；沿途屡赐白银二百余两，银锭镌识"御赍（赍，赏赐）银"及"嘉靖年制"七字。

经过一个月的长途跋涉，终于到了藏龙之地承天。嘉靖皇帝经过察视陵脉地形，决定其父之陵不再北迁。为了使南巡盛举"贻于永世"，严嵩特著诗文纪之。

该年四月中旬，回銮还京。入宣武门，群臣失迎者一千一百四十二人，皆被罚俸。该月底，嘉靖皇帝再至京郊天寿山，察看其母陵地，严嵩扈从前往视察。视察完毕，决定"慈宫南祔"。五月，皇太后灵柩由京师发往承天，"显陵合葬之议"结束。

七 贪迹初现

严嵩升任礼部尚书之后，阿谀逢迎的品格暴露得越来越明显，贪污受贿的丑行也不时发生，因此招致言路的猛烈抨击。中国古代士大夫有一种"武死战，文死谏"的传统，明代言官尤其敢于直言刺非。自嘉靖十五年严嵩任礼部尚书至二十一年入阁的六年间，南北两京御史、给事中对他发起数次声势浩大的攻击浪潮，但都因有皇帝的保护而过关。

第一次抨击声浪集中弹劾他接受译字生贿赂。

在贪黩者手下，主管礼乐教化的礼部也不干净。它通过科举考选、宗藩请乞等同样可以大肆贪污受贿。严嵩主持礼部伊始便演出一场接受译字生贿赂的丑剧。

明代朝廷设四夷馆接待少数民族贡使及外国使臣。四夷馆置"通事"、"译字生"。通事，负责管理少数民族及外国来京人员，并负责贡使"入朝引领，回还伴送"。译字生，翻译语言文字，选国子监监生及官民子弟充当，可以参加科举考试，中第者，仍留四夷馆为官。嘉靖十六年，招选译字生，由礼部主持考选。规定不考文字，只选幼童资质优秀者，送馆学习少数民族及外国语言三年，期满后经考核，合格者留为译字生，成绩差者革退为民。由于译字生经常接触少数民族进贡酋长及国外贡使，容易弄到边疆土物及外国货物，油水肥厚，再加上此次招选不进行文化考试，因此竞选者甚众。尤其是公卿权贵和富商巨室更争相欲送其子入馆。"此例一开，趋之者众"，所选只一百二十人，而京城内外及各省军民子弟赴礼部报名者至千余人。由于报考者太多，内阁决定只从京城及畿内选录，外省一律不收。为能够使自己的子弟入选，竞争者不惜重金向主考者礼部尚书严嵩行贿求托。这正中其下怀。在选考中，他"通贿无算"，"苞苴（馈赠的礼物或行贿的财物）过多，更高其价"。于是，嘉靖十六年六月，御史桑乔上疏，首论严嵩贪污纳贿及政事敝败之罪，其他言官纷纷响应，相继弹劾。

秽行被揭穿，严嵩坐卧不宁。他连续上疏为自己洗刷，但是欲盖弥彰，他的辩词反倒暴露了他及朝中权贵的贪贿劣迹。他不得不承认他确实直接、间接地接受了"宦家"和"富商"的"求托"、"名帖"，并因而收取他们的子弟入馆学当译字生。而当时官场习俗，所谓"求托"、"送帖"者，必同时赂以重金。

译字生受贿案还向人们显示，京城富商极欲染指政界。他们凭借自己雄厚的资金，买通权力核心人物勋贵、首辅、大学士、尚书，以便使自己的子弟挤入官场，尤其渴望捞到与少数民族及国外贸易有关的肥缺，而权贵们所馋涎的正是他们的金钱。"权"与"钱"各显神通，它们的主人为了各自的需要而把它们巧妙地联系在一起。但是在那个时代，富商们毕竟还不是当权阶层，"钱神"威力虽大，最终仍要受权势的摆布。在强大的舆论攻势面前，朝廷不得不作出"革除贿政"的姿态。在谁的身上开刀？商人。嘉靖二十一年，这批译字生期满结业，其中二十四名京师富商子弟全部以"纳贿夤缘"入馆为由革退为民，而"宦家子弟"却留用为译字生。

以礼乐教化为职责的礼部尚书严嵩虽已秽迹昭著，但嘉靖皇帝仍舍不得罢他的官，反而屡降御旨"慰问"。十八年十月二十一日御批："卿才识优敏，典礼之司，朕方隆委托，不必以群言置辩，宜遵朕面谕，忠诚奉职。"贪贿者受奖，直言者遭殃。不久，严嵩便构织罪名，将弹劾他的御史桑乔送进诏狱，廷杖之后发配九江。桑乔居戍所二十六载而卒。

第二次抨击声浪除继续揭露其贪污外，集中弹劾他奔竞奉承，党附权贵，诡谀取宠。

朝中正直之士对严嵩曲意逢迎、巧佞诬罔非常厌恶。嘉靖十八年九月，借京察之机，给事中、监察御史们对之发起攻势，"斥其奸回，不遗余力"。二十年十月，翊国公郭勋以招纳亡命、私收粮税、掠夺民财、妄杀人命等罪定为死刑，关押在诏狱。于是给事中戚贤、王烨等纷纷弹劾严嵩"党附郭勋"，"怀奸肆欺"；郭勋亲信则为严嵩代造宅第，"互为奸贪"；严嵩乃郭勋之"门客"，与郭勋及兵部尚书张瓒、都御史胡守中一起为朝中"四凶"。

严嵩连章辩驳。他的答辩表现了官场斗争的高超权术。他摆出代主受过的可怜姿态，抓住最能激起"圣怒"的问题大做文章。他说他"一念朴忠"，"惟知报主"，凡是皇上交办的"难事重责"，尽管百官反对，他也"奋不计身"，"竭力承当"。但是朝臣们却因此而攻击他"谄谀"。他们表面上攻击的是他严嵩，而实际上是在攻击皇上。因为他"勇往直前"所办之事，都是皇上决定的。他以攻为守，进而指出朝臣攻击他的用心是要把皇帝"孤立"起来，"必使人主孤立于上，在位皆无出力任事之人而后为快"。

严氏刀笔的确锋利。他把全部问题都归结为"必使人主孤立于上，在位皆无出力任事之人"这样一点，而这恰恰是嘉靖皇帝最不能容忍的。因此它深深地打动了皇帝的心。他既为自己作了有力的辩护，邀得了更多的宠爱；又给昔日的恩人、今日的政敌首辅夏言以狠狠的一击，进一步增加了皇帝对夏言的反感。并且挑明，众人对他的"诬蔑"，"自有所主"，即受了夏言的主使。严嵩政治手腕的高超，是恃才傲物的夏言始料不及的。

果然，"英察"的君主一眼便看出了严嵩辩疏的灵魂所在，御批道："卿疏内云，'为人臣于今时，必使主孤立自劳，率皆观望祸福'，此言已尽矣。不必复辞避，可益尽心赞朕，以附简任。"接着又于长陵感恩殿单独召见慰留："卿勉尽忠诚，勿介意人言，只要尽职。"为了感谢皇上的庇护之恩，严嵩信誓旦旦地表示："君父之恩同于天地，予也一息尚存，此志靡懈。"为了永远铭记皇上"勉尽忠诚"的教诲，他还特意在自号"介溪"之外，另起别号"勉庵"，并将自己居住的厅堂命名为"思勉堂"。对皇上"鞠躬尽瘁"，而对为国直言之士则狠下毒手，戚贤、谢瑜、王烨、沈良才、童汉臣、陈绍、伊敏生、郑芸、陈策等御史、给事中皆因揭露其奸贪而被他先后借故罢官、除名、降谪、夺俸。

第三次抨击声浪集中弹劾他索取宗藩贿赂。

礼部还经管皇族属籍及宗室生卒、命名、婚嫁，亲王、郡王、将军、公主、郡主、县主请封、请恤等事务。由于封赐等事要经过礼部这道中间环节，因此尽管是皇族宗藩也需向之行贿才能疏通奏效。严嵩通过诸亲藩请恤、乞封，所受贿赂"积资且巨万"。因此南北给事中、御史疏论贪污大臣皆首指严氏。嘉靖十九年正月，御史谢瑜弹劾道，诸王府向皇上奏乞事项，必向严嵩行贿才给转报；严嵩又收买童女，歌舞自娱，或待价转卖。嘉靖二十年八月，御史叶经弹劾他凡王府请封、请名等项，"无不索货受贿"。交城郡王绝嗣，其孙辅国将军朱表栅谋划承袭郡王爵位，遂以金银三千两贿赂严嵩。严嵩受纳重贿，为其题请，得旨准允。永寿郡王庶子朱惟燫与嫡孙朱怀墡争袭郡王爵位，也以白银三千两贿赂严嵩，严嵩又收下银两，为其请封得准。经过法司鞫审，这两桩贪污案情属实，有关胥吏罪罚戍边，但对严嵩，"上悯之，弗罪也"，并降旨："嵩安意任事，毋以人言介意。"而揭露严嵩的御史叶经却惨遭报复。两年之后，叶经巡按山东，监考乡试。严嵩诬陷试题有"诽谤"圣上之语，叶经被廷杖八十，伤重而亡。

严嵩贪污受贿的事实是无可置疑的。他在嘉靖十八年至二十年前后四五年时间内，连续在京师和家乡袁州购置、建造豪华的府第、园林就是有力的佐证之一。他"出身寒素"，没有什么家底；担任礼部尚书以前，一直散居词垣，也不会有多少积蓄；明代官员俸禄不高，只靠薪水难以集资。而在升任礼部尚书以后，则立即耗费巨资大兴土木，其资财主要来于贪污纳贿当无疑问。以道德文章为职责的礼部长官的手上同样浸沾着血污。

【第四章】

赞玄固宠

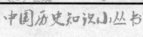
一　皇帝修仙

嘉靖皇帝是中国历史上有名的修仙皇帝。他的修仙活动影响了整个嘉靖朝政治，决定了众多朝臣的荣辱沉浮，严嵩的命运也与此息息相关。

一位皇帝对宗教的推崇与平民百姓的宗教信仰有着迥然不同的目的和后果。他们既用它欺骗民众，也用它麻醉自己。道教宣扬的羽化登仙、长生不死的幻想和"黄白龙虎之术，房中采战之方"，对于贪利无厌、纵欲无度的帝王们具有很强的诱惑力。嘉靖皇帝自嘉靖二年开始供斋醮神，至嘉靖中期又掀起一股尊奉道教的狂热。他将"以神、王二道裁理天下"定为治理国家的基本方针，既遵王道，又遵神道；既有皇帝尊号，又有道教道号；既是人间的皇上，又是仙界的帝君。劝谏者治罪，颂扬者高升，文武官员从风而靡，崇道之风愈演愈烈。举动尽管荒诞，但却寄托了他的强烈追求。

幻想长生，妄图永享皇帝的尊荣同样是嘉靖皇帝崇奉道教的原因。他自幼体质欠佳，十五岁当了皇帝以后，又荒淫无度，自我戕害，再加之生长南方，对北方环境不太适应，因此身体日渐虚弱，年纪刚到三十，便已"血气衰初，发须脱半，精神大减，大不如旧"。嘉靖十三年得了一场大病，重咳六十日；十九年冬，"复得奇疾，非热非寒，卧三旬乃起"。死亡即将降临的恐怖笼罩在他的心头，他把生存的希望寄托于神仙的保佑，并企望羽化成仙，长寿不老。

借助神仙的力量树立皇帝的权威是嘉靖皇帝鼓吹道教的又一原因。由于他继位的特殊性，因此一种难以排遣的自卑感和威胁感时刻都在折磨着他。他认为，他这位外藩子弟之所以能够入继帝统，全靠"皇天"的授予和保护。为了巩固皇位、强化皇权，他不仅需要通过"大礼议"在宗法上为自己确立正统地位，而且需要通过尊崇道教使君权神化。对于臣民，"君权神授"的说教有时甚至比暴力更有威慑力。于是他便把自己打扮成天神的化身，无论是杀戮大臣，还是重大决策，都说成是玉帝的意志。嘉靖年间内忧外患日甚一日，"天神"成为皇帝维持统治的精神支柱。祭海而"抗倭"，设坛而"御虏"，醮斋而"消灾"，一切都建立在虚幻的"天恩垂降"上面。现实社会中的皇帝之所以感到只有披戴上"上清帝君"的衣冠才有力量实施统治，正好表明了他内心的空虚。

一场"奴婢之变"更加坚定了嘉靖皇帝崇道修仙的决心。他平日虐待宫女，稍不如意，辄令捶楚，以致杖之毙命；还令道士们取用她们的经血炼制长生仙丹。宫婢们蓄怨积苦，相谋举事，欲将皇帝勒死。为首者杨金英说："咱们下了手罢，强如死在（他）手里。"再加上方皇后、曹端妃、王宁嫔之间争风斗宠之事搅在其间，于是便在皇宫之内发生了一场宫女"行弑"皇上的奇案。

嘉靖二十一年（壬寅年）十月二十一日夜晚，皇帝临幸爱妃曹氏宫中，睡之正酣，杨金英等十六名宫女闯入寝宫，用黄花绳勒其颈，黄绫抹布塞其口，钗股刺其胯间，数人坐其身上。皇上气将断绝。无奈宫女们不熟悉结扎绳扣的方法，误为死结，勒之不紧，未能立即使其毙命。正在奄奄一息之际，叛变者告密，方皇后率众赶来营救，皇帝脱险。这就是震惊朝野的"壬寅宫变"。这十六位少女虽然全被"凌迟处死，磔尸枭首"，但是那勇敢的叛逆精神却永彪青史。宁嫔王氏、端妃曹氏也被牵连在内，同遭极刑。据说曹氏实未与谋，因皇后妒其得宠，遂乘机将之窜入逆案，后来皇帝深为痛悔。

在嘉靖皇帝看来，这次大难不死，化险为夷，全赖"百神佑护"，于是分遣成国公朱希忠等勋戚并文武大臣祭谢天地、宗庙、社稷及一应神祇。方皇后父亲安平侯方锐又以私人名义在东岳庙为皇上作大醮三昼夜；吏部尚书许赞也率朝廷九卿、堂上官捐金，延请道士，在显灵宫作醮事三昼夜。皇帝本人更躬服道教衣冠，"以为祈天永命之事"；后妃宫嫔"皆羽衣黄冠，诵法符咒"。皇宫内外弥漫着一片神仙气氛。

"壬寅宫变"对嘉靖皇帝的刺激相当强烈，甚至引起了心理变态。他精神紧张，疑惧不安，经常幻觉宫内有冤死的厉鬼作祟；并且认为列祖列宗都死在宫内，皇宫实非吉祥之地，因此决心迁出大内（紫禁城皇宫）。于是自此移居西苑离宫，日夕修仙，"往岁宫变，蒙上天恩赦，我已世外人矣，故别居西内，奉玄修"。明代西苑在紫禁城之西，西安门之内，南海、中海、北海一带。内有太液池，池有琼华岛，岛上有广寒殿，乔松高桧，俨然蓬莱。嘉靖皇帝自嘉靖二十一年移居于此，至四十五年逝世，二十多年再未返回大内。

明代礼制，朝仪有大朝、常朝之分。圣节、正旦、冬至等，群臣朝贺，为大朝；每月朔望百官朝参及每日日朝为常朝。日朝又分早朝和晚朝（即午朝），奏决政务。除此，遇有军国重事，随时入奏，或宣召近侍大臣面议。嘉靖皇帝虽然独揽生杀予夺之权，但对朝廷实际政务却日益厌倦，一意玄修斋醮。自嘉靖十三年以后，三十余年不视常朝，"日朝之典遂至无一人记忆"。尤其是移居西苑之后，更是诸般朝仪尽罢，与群臣完全隔绝起来，除少数侍值大臣之外，朝廷百官罕得一睹龙颜。因此他自己也不得不承认，"自十三年来至今，早朝尽废，政多失理"，"与尸位同"（《历官表奏》卷二《奉谕上东宫监国议附圣谕》）。

祭神修仙需要建筑宫观，搭设法坛，采办黄金、白银、珠玉、宝石、香料、蜡烛、缎匹、蔬果等。为此耗费了巨额资财。

道士是设坛祭祷的主持人，受到嘉靖皇帝特殊的礼遇。邵元节、陶仲文、段朝用、袭可佩、蓝道行、胡大顺、蓝田玉、王金等道人方士皆备受宠幸。又在各地广度道士，嘉靖二十六年度道士二万四千余人。其时朝廷奏章有"前朝"、"后朝"之分，诸司百官所奏者为前朝；道士方伎所奏者从后朝入，前朝官员不得与闻。道士们博得旷世尊荣，究竟有什么高超的法术？其实不外打醮、扶鸾、符箓、祥瑞、服气、导引和炼丹等。

如果说扶鸾炼丹是道士的职责，那么撰写青词则是侍值大臣的要务。"青词"又称"绿章"，是道教举行斋醮仪式时奉献给天神的奏章表文，配之以管弦，"即古迎神送神曲也"。一般为骈丽体，用朱笔写于青藤纸上，故称

"青词"。嘉靖中期以后，内阁宰辅、翰林词臣、朝廷九卿的重要任务是为皇上撰写青词和玄文。嘉靖皇帝移居西苑后，钦定几名主要官员随之侍值无逸殿，"俾供应青词、门联、表疏之类，庶务从便取裁"。侍值大臣在西苑皆有值庐，不再赴朝办公，夜晚亦需宿住于此，不得随意回家。这是一种特殊的待遇和尊荣。先后入值西苑的勋戚和文武大臣有二十余人。他们不仅自己竭精竭虑，而且招募海内名士代为撰写青词，争新斗巧，以求得宠。

青词贺表的优劣已经成为仕途进退的主要条件。青词工丽者，立可超擢，直至入阁，故有"青词宰相"之讥。嘉靖中期以后的内阁首辅夏言、严嵩、徐阶都曾把精心撰制青词作为邀功取宠的手段和击败政敌的武器。严嵩从嘉靖二十年至四十一年侍值西苑二十年，徐阶从二十八年至四十五年侍值十七年，成国公朱希忠从二十年至四十五年侍值二十五年，三人"首尾恩赐最为优渥"。

嘉靖皇帝晚年寻求长生之术益急。派遣使臣分赴各地访求仙人、符箓、秘籍。但是长生术不仅未能改变生老病死的规律，反而加速了他的死亡。嘉靖四十五年十二月，因食用道士王金所献长生药，燥热发作，气绝命亡，终年六十。

正当侍值大臣们头戴道冠，把最精巧的青词供奉在醮坛的时候，一些正直的官员则为谏止修仙废政而把鲜血和生命献给了社稷，表现了非凡的乾坤正气。嘉靖中期的太仆寺卿杨最、御史杨爵，晚期的户部主事海瑞就是杰出的代表。

海瑞备棺直谏已成为历史佳话。嘉靖四十五年二月，户部主事海瑞上《治安疏》，以必死的决心痛陈"君道不正，臣职不明"。他"自知触忤当死"，所以在上疏前买好了棺材，诀别了妻子，遣散了童仆。海瑞此疏一出，"一日而直声震天下"。它一反"务为容悦，谀顺曲从"的积习，不一毫溢美，不一毫讳过，是明代批评君主过失的最尖锐的奏章，而论述嘉靖皇帝修仙误国则是其核心内容。它指出，"陛下之误多矣，大端在修醮"，"天下之不安不治"皆由此而产生，致使"吏贪将弱，民不聊生"，"室如悬磬，十余年来极矣"，因此民众皆以"嘉靖"年号之谐音比喻说："嘉靖者，言家家皆净

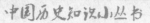

而无财用也。"奏疏请求皇上幡然悔悟，一洗"数十年君道之误"，臣下奉公尽职，一洗"数十年阿君之耻"。嘉靖皇帝览奏，勃然大怒，"拍案叱咤"，以"詈主毁君"之罪将海瑞逮捕入狱。

　　杨最、杨爵、海瑞与严嵩们的不同的政治行为显示了刚直不阿与谀顺曲从，爱国忧民与谋权营利两种不同的政治品质。

二 青词宰相

在嘉靖朝，只有在议礼和赞玄这两件皇帝最热心的事情上都做得无可挑剔，才能久宠不衰。青词、贺表、仙丹是严嵩借以升腾的又一阶梯。他在议礼得宠的基础上，又登着这一阶梯由礼部升入内阁，成为明代历史上最有名的"青词宰相"。

严嵩是侍值赞玄最久的大臣之一。还是在做礼部尚书时便受到了同翊国公郭勋、内阁首辅夏言一样的"圣恩隆渥"，便殿召对，西苑常侍。嘉靖十八年以前，皇上虽常居西苑，但从侍诸臣在此尚无固定住所，随召而至，"日或再或三，夜分始退"。其时严嵩寓居城西四里，每遇皇上宣召，来不及乘轿，便"单骑疾驰"以赴。为了能够最及时地应召入见，后来他特在靠近西苑的西长安街营建宅第，"以便趋入"。十八年，命将西苑无逸殿左右厢房辟为"值庐"，赐予侍值大臣居住。自此严嵩日夜守候值庐，供应玄坛之作，未尝一归休沐。二十一年入阁，特别是二十七年谋害夏言、身任首辅以后，更是随时陪侍，不离左右。其他学士所撰青词多不称旨，只有严嵩所撰"最当帝意"，故"眷注甚殷"，"据位二十余年，不至动摇者以此"。

严嵩可谓是一位青词专家。他精心炮制的那些迎神送仙的杰作只不过是些怪诞迷信之语，奸佞诡谀之言而已，但却因此而获宠。嘉靖十八年正月，皇帝举行"尊天重典"，严嵩"秉虔尽职"，特加太子太保。十九年七月，为皇天上帝建造的泰宫"皇穹宇"落成，严嵩主持此项工程，皇帝特赐少保官秩。二十年二月，因所撰青词精优，特赐玲珑寿字松下天鹿玉带一围，银五十两，纻丝四表里。同年三月，因事醮称旨，特赐大红织金纻丝蟒衣一袭，金宝石绿

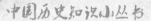
镶一副，银六十两，纻丝四表里。十年七月十五日，西苑设坛，作法事，放河灯，严嵩撰《金海放灯》以纪圣。二十一年正月初一，召首辅夏言及严嵩等五臣于无逸殿，飨以醴宴，各赐金筒簪柏叶一枝，命戴以归。柏叶"采自玄圃"，乃道教头饰之物，严嵩谨拜受赐，并赋诗感恩。二十一年八月，整修后的西苑万寿宫悬挂匾额，严嵩撰文称贺。二十五年七月，滕禧殿落成，命严嵩往祭，并赐银两，严嵩谢恩。

严嵩还是一位撰写祥瑞贺表的能手。在他的文集中，有关嘉禾、瑞雪、灵芝、白鹿、白兔、白龟之类的《颂》、《赋》、《表》及祀祷神灵的《叩神文》、《谢神文》等收录甚多。而且其子严世蕃、孙严鹄、义子赵文华等也都频频进献祥瑞。二十二年八月，万寿节（嘉靖皇帝生日）那天，据说御苑忽生"仙禾"，于是严嵩忙撰《瑞禾颂》。同时又有进献"神兔"者，他又立即撰写《白兔赋》。在进《白兔赋》的奏章中说："天生灵物，神启殊祥，为我皇上万年永寿之征也。"

严嵩苦心孤诣，靠撰写玄文、佐赞玄礼邀讨主欢，宠幸日固，战胜一个又一个敌手而久居相位。

三 烧炼"秋石"

严嵩不仅以玄文邀宠，而且与道师们紧密配合，对皇帝废政修仙的荒唐举动给予支持和颂扬。嘉靖十九年八月，皇帝根据道士段朝用的建议，提出欲令不满五岁的皇太子监国，以便自己深居秘殿，专心修仙。其实他并非真的想要退位，而是以此对国人进行要挟，迫使群臣不敢再反对他玄修。他的理想是，既要当皇帝乾纲独揽，又不亲理军国政务，以便肆意淫靡，修仙羽化。因此，不仅反对太子监国的太仆寺卿杨最被杖死阙下，而且赞成监国的指挥同知刘永昌也被下狱拷问。

在众多朝臣中，唯有严嵩最能领会皇上的真实意图。他既劝阻太子监国之议，又赞颂皇上玄修之举，以便使皇上既享亲政美名，又行修仙之实。他上疏对皇上一意玄修、厌倦朝政的昏聩行为曲意辩护，并把朝政之失归罪于群臣的怠惰，说皇上"思虑殚于宸衷，忧勤弥于夙夜，自古励精之主，愿治之君未有能过之者也"，"暂辍临朝，无妨裁务"。严嵩的谄媚与杨最的刚直形成鲜明的对照，因此众人惨遭惩处，唯独他受到了皇上的嘉奖："卿等议大事俱不尽心，人各推调，可见今人甚不可托也。各衙门（奏）本大略相同，独有礼官（礼部尚书严嵩）疏，得体君心之忠。"

为了表示对皇帝修仙的支持，严嵩还为皇帝的道师秉一真人陶仲文修建豪华的宅第；宣扬扶乩术，主张在宫内设醮驱妖，在北边设坛御敌，在沿海祭神退倭；鼓动四处采集灵芝、银矿石、龙涎香。尤其招致世人唾骂的是伙同"尝尿官"顾可学、盛端明为皇帝炮制仙丹。

顾可学，无锡人，在做浙江参议时，因盗窃公款而罢官，乡居二十余年。看到进献长生药是复官进阶的门路，便以巨资贿赂严嵩，声称能炼长生奇药。严嵩将其推荐给皇帝，皇帝立刻召之入京，赐予工部尚书、礼部尚书的官衔，并加太子太保的崇秩，"人咸畏而恶之"。盛端明，饶平人，曾任副都御史，因故罢官家居十余年，自言通晓药石，服之可以长生。道士陶仲文及严嵩将其荐于皇帝，赐官工部尚书、礼部尚书，加太子少保。顾可学、盛端明皆只食官禄，不治政事，专门供奉长生药物而已。

严嵩窝藏顾可学炼制"秋石"仙丹最有戏剧性。嘉靖二十三年初，顾可学进献"秋石秘方"，即取童男、童女溲液（尿），去其头尾，加石膏烧炼，状如解盐，名为"秋石"，声称性热壮阳，服之可以长生。（李时珍《本草纲目》卷五二"秋石"条云："服者多是淫欲之人，借此放肆，虚阳妄作，真水愈涸，安得不渴邪？况甚则加以阳药，助其邪火乎？"）皇帝派遣钦差至其家赏赐。顾可学喜出望外，至京谢恩。为了掩人耳目，皇上密传圣旨，命顾可学隐匿在严嵩家中，秘密炼制秋石。严嵩在西苑撰写青词，顾可学在相府炮炼仙丹，争相献技，各显其能。

但是日久事露，"家知户晓"，"人情汹汹生疑"。强大的舆论压力，使严嵩感到恐惧。他恶人告状，反诬众人"流谤造言，用此归咎于臣"，"欲中臣以危祸"。他向皇上献策，为塞众人之口，不如索性对顾可学封官加秩，使之身份公开，堂而皇之地为皇上炼制"保和"御药。为此，他在嘉靖二十三年二、三两月中，六次向皇上提出应该诏令顾可学公开制作秋石丹药的请求，这样便可"人心以安，浮言以息"。他说："此事不须秘密，所以可学屡向臣言，欲求显白为之。近因可学在臣家日久，遂起群情猜疑，谓此端何须密在臣家，必有别项方术，以惑圣听。此议一兴，将指为害臣之计。"（严嵩《嘉靖奏对录》卷二）

在严嵩的请求下，顾可学果然加官尚书，由相府宅院走上朝廷殿堂，秋石仙药也由偷偷摸摸转为明目张胆地烧炼起来。严嵩自以为得计，但仍然阻挡不住民众对他们邪媚丑行的耻笑和抨击。顾可学家乡苏州的士民讽刺道："千场万场尿，换得一尚书。"京师市民每见他从长安街经过，都竞呼："尝尿官！""秋石尚书！"嘉靖二十四年四月，御史何维柏弹劾严嵩"嫉贤害正，罔上怀奸"，极论荐举、豢养顾可学、盛端明之非。痴迷于长生术的皇帝当然是保护严嵩而重惩直谏者。他特降手谕安慰严嵩：何维柏等"皆有主使"；"朕自服石"，"又何疑忧之自惑耶？卿当自信勿负焉"。既然是"朕自服石"，因此谁反对，谁就犯了"欺君罔上"之罪；而反对严嵩，也就等于反对皇上，于是何维柏被逮入狱，廷杖除名。何维柏为官清廉，锦衣卫逮捕他时，士民皆"遮道号哭"。

四 试服仙丹

"**灵**药金壶百和珍，仙家玉液字长春，朱衣擎出高玄殿，先赐分宜（严嵩）白发臣。"嘉靖皇帝常把仙药赏赐给严嵩，一方面表示对他的宠爱，希望他益寿延年；另一方面"君服药，臣先尝之"，也是为了让他替自己试服。这样严嵩不仅要为皇上炼制仙丹，还得为皇上尝试仙丹。

嘉靖三十三年十月三日，皇帝密谕严嵩，近获仙方，制成丹粒，依神仙意旨，赐你一盒五颗服之。严嵩捧读圣谕，"不胜感戴天恩之至"，立即选择良辰饮服，"以验其性味"。

皇帝急于想知道严嵩试服的效果，赐药后的第二天便密札催问。严嵩逐日回禀服药的反应。十月五日：

蒙问："昨臣服丹，经二日，夕觉何如者？"臣昨依法作饮服后，初时腹内略觉微响，以后不觉何如。凡药不必速效，久久滋益，其功更大，容臣再服一次验之。（《嘉靖奏对录》卷九）

十月九日：

臣以今日再服丹粒，服后随觉脐腹间如有物转运温满，与前次相同。但上至胸膈，似食饱。臣看得此粒，乃朱砂所制，有银星似汞，味少甜，似和以枣酿，想是合铅汞而成丹也。今服未觉，不知往后何如？（同上）

十月十五日：

蒙谕命臣"丹粒已二服，可止之"。又仰知圣躬作咳，臣捧读不胜惶切。凡药一二服，获效即止。若过多，则虽相宜者，亦转而为害，此草木之药皆然。至于铅汞，乃金石之类，性已多热。臣向具奏，未宜轻服，正惧有此。臣数日来，觉脐至顶，常有热气不散，则知药力之重，兹谨钦遵止之。（同上）

此"仙丹"乃铅汞化合物，食之有害无益，可想而知。皇帝服后"作咳"，宰相服后"觉脐至顶，常有热气不散"，君相受了方士一通愚弄，不得不停止此药的服用。

嘉靖三十四年八月，严嵩再服皇帝所赐"仙丹"。这次不良反应更为强烈，以致"遍身燥痒异常，不可一忍"；后来又发展为痔疮，"痛下淤血二碗"，严嵩惶恐。三十五年六月，皇上询问严嵩饮服仙药情形，严嵩报告道：

伏蒙圣问服药一件，仰惟圣慈惓惓轸念，勉臣以大道难遇、天高地厚之恩，臣何修得此，无任感激。臣昨岁八月服丹只五十粒，乃致遍身燥痒异常，不可一忍，每日滚汤浇洗二次，足满三个月，其痒才息。至冬发为痔疾，痛下淤血二碗，其热始解。盖丹力之重如此，臣因此畏焉。臣闻服药必静养无事，臣诸务繁劳，岂能获益？臣年老至此，福已逾涯，大道恐非凡庸浅薄之人所可得也。惟一念尽忠报主，以祈天之佑而已。伏乞圣明俯察。（《嘉靖奏对录》卷一〇）

严嵩虽已年逾古稀，仍不惜以自己的身体当试验品，为皇帝的玄修效劳，真可谓"尽忠报主"。但所谓长生不老，成神升仙，皆悬空凿想、荒诞无稽之谈。严嵩表现得越是忠谨，其献媚取宠的品性暴露得越是充分。

五 旷世殊荣

由于严嵩帮助皇上修仙忠勤匪懈，因此皇上委以腹心，赐以殊荣，真可谓"千载之隆遇"。

西苑值庐低洼狭隘，而且皆东西房，夏日暴晒，冬日寒冷。严嵩起初也在厢房侍值，升任首辅之后，皇上格外怜爱，特命在无逸殿附近，单独为之建造一处住所，"厅室皆南向，别馆庖厨皆具"，并出银百两，为之打制器皿，"亦我朝希旷之典"。侍值诸臣只许乘马出入西苑，皇上念其年老辛劳，特许他乘坐腰舆（用手挽的便轿，高仅到达腰部）。嘉靖三十八年正月，严嵩八十诞辰，皇上因其"年高佐朕，愈尽忠谨，赞事上玄，竭赤匪懈"，特赐其西苑出入，乘坐肩舆（用肩抬的轿），"俱禁中古今所未有之典"。为了褒奖其青词的精美，还经常赏赐他金银彩帛，"果茗酒馔，天厨日给；金帛器物，尚方珍赐，不可胜纪"。

严嵩官阶俸禄与日俱增。嘉靖十八年正月，加太子太保。十九年七月，加少保。二十一年八月，兼武英殿大学士入阁办事仍掌礼部事。二十二年二月，面赐银记（即银印）一颗，印文为"忠勤敏达"，以便朝夕入见，密札言事。二十三年八月，加太子太傅。该年九月，改兼吏部尚书谨身殿大学士，升任首辅。该年十二月，加少傅，兼支大学士俸。二十四年七月，加太子太师。该年十二月，加少师。二十五年八月，加特进光禄大夫。二十六年十月，兼华盖殿大学士。二十七年八月，加升正一品俸。三十六年八月，改兼支尚书俸。三十八年正月，改支伯爵俸。三十九年八月，加岁禄二百石。四十一年三月，加岁禄一百石。不仅严嵩本人高官厚禄，而且其子孙亦因之荫官晋级。

皇帝的优宠还表现在称呼上。严嵩字"惟中"，皇帝在御札中有时亦以"惟中"称之。君以字呼臣，这使严嵩感到"无任荣幸，无任骇愕"，"天恩优异，非臣殒身糜骨所能报也"。既然"天语"都"以字呼之"，百官哪敢轻慢？当时，在官场中，"老先生"已是极尊贵的称谓。门生称座主，亦不过曰"先生"而已。但对严嵩的称谓又高出"老先生"之上，称"老翁"、"夫子"、"相公"。

议礼、赞玄不仅是取宠的手段，而且是战胜政敌的武器。严嵩正是凭靠这两件武器的威力先后挫败了首辅翟銮和夏言，而居相位二十年。这将在以下章节中加以叙述。

【第五章】

争夺首辅

一 明代的内阁

严嵩于嘉靖二十一年入阁，不久位居首辅，独柄朝政近二十年。若要恰当地评估严嵩在明代政治史上的地位，不能不了解明代内阁制度；若要研究明代内阁制度，不能不考察严嵩的政治活动。

由宰相辅佐皇帝，以相权补充君权是中国封建社会政治体制的特征之一。但在不同朝代，宰相名称并不一致，宰相职权也轻重有别。内阁起于明代，是皇帝的辅政部门，也是朝廷的最高行政机关，因此又称"政府"。内阁首席阁臣称"首辅"，是政府的首脑，实际就是明代的宰相。

明代内阁有一个形成、发展的演变过程。洪武年间，因丞相胡惟庸谋反，太祖朱元璋废除丞相制。成祖朱棣即位后，为了更有效地推动国家机器的运转，开始设立内阁。入阁之臣称"阁臣"、"阁老"、"辅臣"、"内阁大学士"。阁臣朝夕侍于皇帝左右，"备问代言，商榷政务，极其宠密"，是皇帝的"腹心之臣"。他们专典机密，草拟诏诰，"参决政机，隐然相职"。重要的是"参决政机"，即有权参与国家重大政务的议拟，而这正是宰相最本质的特征。但是在法制的条文上，太祖永远不准设立丞相的祖训又是不能违背的，因此在形式上只好避开宰相之名而称"内阁"、"阁臣"。

成祖创立内阁是对洪武权力结构的重大改革。但此时阁臣的品级还比较低。仁宗即位后，为了提高阁臣的权位，在阁臣官职之外，又加尚书、三公、三孤、六傅之官衔。内阁大学士本身品级虽然只有五品，但加尚书官衔后，品位立即提高至二品，而且尚书是执政系统的实职，阁臣若兼领某部尚书事，则可直接掌握政务部门的实际权力。太师、太傅、太保称"三公"，正一品；少师、少傅、少保称"三孤",从一品。太子太师、太子太傅、太子太保,从一品;太子少师、太子少傅、太子少保,正二品,称"东宫六傅"。他们皆无定员,无专授,是皇帝赐给勋戚、朝臣的兼官、加官、赠官,地位极为尊崇。内阁大学士一旦加官三公或三孤、六傅,身价陡然百倍,官秩也随之升至一品或从一品、二品,超出一般尚书之上。

至此内阁大学士兼有了三重身份。作为阁臣,是天子的腹心,地居近密,裁决机务;作为尚书,具有了六部最高长官的行政地位;作为公、孤、师、傅,官位至隆至尊,甚至可与勋贵并列,而"隐然钧衡之重,与百僚殊矣"。

至宣宗宣德年间,内阁"票拟"的职权又在制度上被明确地规定下来。所谓"票拟",又称"票旨"、"条旨"("调旨")、"阁票",即代皇帝草拟圣旨。朝廷及地方官员呈报的奏章,首先由内阁大学士在票纸上用墨笔(蘸黑墨的毛笔)代替皇帝草拟圣旨,贴于疏面之上,然后进御皇帝审批,这便是"票拟"。皇帝接到内阁的"墨书小票"以后,或令"改票"(改拟),或令"依拟",由司礼监秉笔太监执笔书写皇帝的批答。由于秉笔太监所用之笔为朱笔(蘸红色朱砂的毛笔),故称"批红",又称"票朱"、"朱批"。然后将朱批下发锦衣卫值房,分送六科给事中,再交六部实施。

"内阁之职同于古相者,以其主票拟也"。票拟权即是国家政务的决策权,内阁秉笔票拟是在事实上恢复宰相官职的重要标志。因此内阁大学士有"外相"之称;秉笔太监有"内相"之称。由于内阁票拟和太监批红权的形成,因此以后当皇帝幼小或荒淫怠政时,朝廷大权便往往或由拥有票拟权的阁臣执掌,或由拥有批红权的秉笔太监执掌,并为争夺票拟、批红权在统治者中酿成激烈的党争。这是明中叶以后政局的显著特征之一。

阁臣还有直接密封言事之权。皇帝赐予阁臣特制的银印,特许其遇事"用印密封以闻",密疏直达御前拆阅,而不必经过通政司,"外廷千言,不如禁密片语"。

从嘉靖年间开始,封建统治集团对权力分配又作了调整,宦官势力受到限制,内阁权力得到加强。这个时期,内阁制度进一步发展和完善,而首辅权

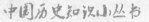

力的增大则是其重要标志。首辅又称"元辅"、"首揆",亦即首相、宰相;"次辅"亦即次相。次辅之外,又有"群辅"。首辅与次辅、群辅虽同在内阁,但地位相差悬殊,首辅权势日益加重,"大事皆首辅主持,次揆以下不敢与较"。同时权位列于六部之上,大权"全归政府"。嘉靖中期以后,夏言、严嵩相继为首辅,内阁拟写圣旨唯出首辅一人之手,威震百官,"遂赫然为真宰相,压制六卿矣"。至万历初年的首辅张居正,更有"震主之威"。

嘉靖、隆庆、万历年间的首辅不仅有宰相之实,而且朝臣还径直以"宰相"称之。甚至皇帝也用类似的称呼,嘉靖皇帝称严嵩为"元辅"、"首臣"、"辅相"、"相臣";万历皇帝称次辅为"随着元辅办事"。这时虽然有碍于太祖关于嗣君不准设立丞相的祖训,尚未在法律条文上公开恢复丞相之制,但在实际上,首辅权势已经达到甚至超过以往朝代的宰相。正因为首辅权威至重,因此争夺首辅职位的斗争连绵不断,形成旷日持久的"内阁之争"。

二 夏言三起三落

严嵩在做礼部尚书期间便已"宠恩荣遇，特冠常伦"，但是他的目标绝不仅仅是一名尚书，他要入阁，要拜相，要位极人臣。而实现这一目的的最大障碍是夏言，其次是翟銮。为此他们之间展开了十几年的惊心动魄、你死我活的争斗。

夏言，字公谨，号桂洲，江西贵溪人，生于成化十八年（1482），正德十二年（1517）进士。夏言眉目疏朗，须髯修美，音吐弘畅，学博才优，警敏豪放。善诗文，入仕以前即已闻名远近。嘉靖初年，首辅杨廷和"拨乱反正"，"革故鼎新"，痛革正德朝弊政。夏言时为兵科给事中，受命查勘北直隶八府皇庄和皇亲功臣庄田，共查出侵占民地二万二百二十九顷余，一律退还原主，"维新之政，莫有大于此者"。他还提出将"三皇"（皇庄、皇店、皇盐）"一切扫除"的主张。夏言清退庄田的政绩，"谔谔为人传诵"。

在大礼议前期，夏言由于积极支持皇上的主张，因此官阶步步上升。十五年（1536）闰十二月，以少傅、太子太师、礼部尚书兼武英殿大学士入阁参与机务。十八年正月，特进光禄大夫、上柱国、少师，升为首辅。夏言执政以后，虽然受嘉靖中期以来总的腐败政局的限制，对朝政未能作出重要改革，但是他勇于持正，对刚愎自用、修仙误国的嘉靖皇帝多有抵制；对朝中腐败势力的代表严嵩、郭勋、崔元、陆炳、仇鸾等多有斗争，在一定程度上抑制了腐败政治势力的恶性发展。

严嵩和夏言是江西同乡。严嵩比夏言年长二岁，早中进士十二年，称先达；夏言为晚进。但入仕以后，夏言发迹的却比严嵩早，官位遥遥领先，严嵩每蹑其后。嘉靖十五年，夏言入阁拜相，在他的提携下，严嵩才得以升任礼部尚书。执掌礼部之初，严嵩对夏言千恩万谢，但随着皇宠日隆，转而以怨报德，觊觎相位；夏言对严嵩忘恩负义、谗佞贪贿自然鄙夷憎恶，于是二人发生了尖锐的矛盾和冲突。严嵩"柔佞恭谨，奸险深刻"；夏言"意气扬扬，目中无人"，完全是两种不同的品格。这种品格上的差异也使其政治斗争的方式别具特色。

夏言入阁拜相以后，日渐傲慢。即使是对皇帝也不免表现出"面谏退诽"、"怠慢不恭"来。当时在官场流传着这样一句话："不睹费宏（嘉靖四年接替杨廷和为首辅），不知相（宰相）大；不见夏言，不知相尊。"皇上不上朝，夏言亦常不赴阁办公，钦命之事或拖延，或抵制；所上章疏密札，或洗改文字，或屡违格式，或忘加钦赐印章；还不时以有病为由请假。其实他并没有什么病，只是因为没有儿子，"故多拥诸姬妾为欢"。与夏言强直、骄倨、倦怠相反，严嵩处处表现得柔媚、谦卑、忠勤，二人形成鲜明的对照。"猜忌之主，喜用柔媚之臣。"嘉靖皇帝刚愎独裁，向以"英察"自诩，在夏言、严嵩事君态度的强烈反差面前，他宠信的天平日益向严嵩倾斜，而对夏言不断地增加着愤懑和怨恨。

嘉靖十七年四月，皇上驾诣天寿山，祭祀永乐皇帝于圣迹亭，辅臣夏言、礼部尚书严嵩等扈从。严嵩忠谨供职，钦蒙于长陵殿门召对。而夏言却漫不经心，在沙河行宫，他的行帐起火，所携奏章全部焚毁，火势燃及翊国公郭勋、大学士李时行帐，皇上怒责之。

该年六月，"称宗祔庙"之议起。夏言"相顾以目，寂不发言"；严嵩"废寝忘食"，"奋往直前"，终使皇上的主张得以实现。因此皇上对夏言"心衔之"，而对严嵩则"超加官秩"。

十八年春，南巡承天。拜谒显陵礼毕，严嵩主张再行一次表贺典礼，夏言反对。严嵩揣知帝意，请之愈坚。皇上对夏言越发不满，愤怒地说："礼乐自天子出，可也！"下令表贺。

该年四月，南巡回京，皇帝再至天寿山察视，命首辅夏言草拟《居守敕》。夏言一再拖延，直到回銮那天，才将敕稿呈上。皇上简直再也无法忍受，大发雷霆："尔所职何事？至今日方呈草耶？"于是敕令其交回所赐银印及谕帖。"印记之文，乃特赐嘉奖；圣谕诸帖，皆亲洒宸翰"，它们乃是权势和荣耀的象征。这些御赐之物的被追夺显然是一种严厉的打击，致使傲慢的夏言也不能不惶恐震惧，连忙谢罪。

皇上的怒气并未因夏言请罪而缓解，相反怀疑他已经把所赐之物毁坏，所以才迟至数日不缴。于是，该年五月诏令削其勋阶，以尚书衔致仕，并命礼部尚书严嵩立即搜取其所存赐物进缴。这是夏言第一次罢官。

夏言不得已将自嘉靖九年至十八年受赐的四百余道手敕、谕帖装为十二匣并银印一颗进呈上缴。嘉靖皇帝见所赐之物完好无损，盛怒稍解，又念其对大礼议曾有赞礼之功，因此又于同月下诏复其官职，回阁办事，诫之今后"宜省思尽忠，未可怨犹君上"。

严嵩落井下石，乘机对夏言进行谗害。就在夏言第一次罢官前后，言路对严嵩展开猛烈抨击。严嵩认为这是夏言在背后指使，因此在自辩奏疏中对之加以攻击。皇帝对他的话深信不疑。

严嵩对夏言虽然恨之入骨，暗进谗言，但表面上却装得十分谦恭，伪为逊让，"如子之奉严君，唯诺趋承，无复僚友之体"。为了麻痹夏言，他还写了许多美好的诗句，颂扬他"殿头鹄立知元辅，亲佐唐尧致太平"。

夏言越来越鄙视严嵩。尤其是当发觉他暗中对自己中伤诋毁时，更加对之恣意凌辱，至"以门客畜之"。严嵩为了表示自己的恭维，曾一再置办酒席，邀请夏言赴宴，甚至亲赴相府，跪读请柬，而夏言却"多辞不见"；间或许之，届时又借故不至，致使所备红羊、貔狸、消熊、栈鹿等山珍美味全部废弃；有时应邀赴宴，仅"进酒三勺一汤，取略沾唇而已"，然后傲然离去，"竟不交一言"，被其"所狼藉不可胜数"。

夏言"傲惰成性，蔑不知儆"。嘉靖二十年八月，昭圣皇太后（武宗生母）卒，皇上令夏言议奏皇太子服制，夏言答疏误写字号，遭到斥责。夏言在引咎谢罪的同时却提出请假还乡治病，这更惹恼了皇上，一道罢官圣旨又降了下来：夏言"何肆意放恣，一至于此"！"本当逮问，第念往劳，姑落职令致仕去"。

这是夏言第二次罢官。九月初，夏言至西苑斋宫谢罪辞行，"帝闻而怜之"，令其仍回私宅治病，以俟后命。夏言罢官后，内阁只剩翟銮一人，难以应付皇帝修仙和朝廷政务的需要；而且其时夏言、严嵩、翊国公郭勋、京山侯崔元之间矛盾错综复杂，彼此争斗，皇帝经过权衡，决心舍郭保夏，遂于九月逮捕郭勋下狱，十月恢复夏言官职。

夏言对皇帝修仙的轻慢态度为严嵩提供了取而代之的绝好机会。夏言起初对醮斋青词之事也颇用心，后来日渐怠忽。皇上欲令太子监国而自己一意玄修，夏言回答说："万死不敢奉诏。"西苑斋宫只许入值诸臣乘马代步，而夏言擅自乘坐肩舆出入，皇上以为僭礼越分，大为不悦，夏言后来被杀，"已胎于此"。皇上本应头戴翼善皇冠，但因信奉道教而改戴道士黄冠和香叶巾。并且命令官署雕刻沉香木道士黄冠五顶，分赐给首辅夏言、成国公朱希忠、京山侯崔元、大学士翟銮、礼部尚书严嵩，令他们冠戴入值；又赐给诸人道士穿的皮帛履，以便于斋醮祈祷时跪拜。其他四人都受赐谢恩，唯独夏言拒不奉命，密奏云：此非"人臣法服，不敢当"。皇帝盛怒，命其退出西苑值庐，夏言强硬地说："须有旨，乃可行。""下旨乃可去耳！"皇帝念念不忘此恨，日后在罢黜、诛杀夏言的诏书中一再提及此事。因此史家认为，夏言之死"由不戴香冠始"。

善于观测政治气候的严嵩清楚地看到取代夏言已是指日可待。他的心潮虽然无法平静，但表面上却不动声色。他的战术依然是以其忠敬反衬夏言之欺慢；以其勤勉反衬夏言之解怠；以其柔媚反衬夏言之高傲。他积极赞襄皇帝修仙和议礼都含有这一用意。他特别抓住夏言竟敢拒绝皇上所赐道冠一事火上浇油。每次召见，他不仅都戴上那顶御赐的黄色道冠，而且在其上特意笼罩以轻纱，制造一种更为浓烈的道家气氛，以期显示自己与夏言的不同，挑拨皇上的注意，刺激皇上的爱憎。他还背着夏言为皇帝宠爱的道士秉一真人陶仲文修造府第，相谋共倒夏言。

当夏言发觉严嵩正在暗中向他发射冷箭时才仓促应战。他支持言官弹劾严嵩秽行。皇上欲提拔严嵩入阁，也被他阻止。但是，夏言已为时过晚，其时皇上"已心爱嵩（严嵩），甚于言（夏言）"，"攻之益力，上益怜之"。嘉靖二十一年闰五月底，皇上特意单独召见严嵩，"慰谕甚至"。严嵩见时机已经成熟，便"顿首雨泣"地向皇上控诉起夏言对他的"欺凌"来。这正符合皇上的需要，令其"悉陈言罪"。严嵩装出一副委屈无私的样子说："臣与（夏言）同乡，若以疏发之，人将谓臣挤之，欲夺其位。"皇上鼓励他不要顾忌，自管大胆上疏揭发。他进一步摸到了皇帝的底细，于是脱掉伪装，向夏言发起正面攻击，在皇上面前"振暴其短"，又"奉圣谕列其罪状"。皇上见到严嵩罗织的夏言"罪状"，大怒不已。

六月初二，皇帝颁发手敕，命都察院向朝廷内外公布夏言的罪状。在"手敕"中，皇上首先为自己辍朝修仙辩护："朕承皇天宝命，以神王二道裁理天下"，并不是"荒昧之为"；虽然早朝"终始不一"，但这是"失小顾大"，而且本应"君逸臣劳"。接着历数夏言欲改皇太后宫为太子东宫；逆君沽誉，倾人取位；拒受道冠，乘轿苑中；军国重事，私自裁决等罪。

敕旨降下，夏言惊骇，上疏谢罪。七月初一，适值日食。皇上以为这是上天示警，"正坐臣子欺逼君父之咎"。"夏言以臣欺凌君上，作威作福"，因此敕令"革职闲住"，立即驱逐。这是夏言的第三次罢官。

夏言去位为严嵩入阁扫清了道路。该年八月，严嵩拜武英殿大学士，入阁参与机务，仍掌礼部事。严嵩首次战胜夏言，这是"柔佞"对刚直的胜利。

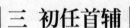

三 初任首辅

夏言怀着无限的惆怅和忧愤离别都城，南归江西。嘉靖二十一年八月十五日，皇帝向吏部发出敕令：礼部尚书严嵩"日侍朕躬，忠勤匪懈，着兼武英殿大学士，在内阁同（翟）銮办事，仍且掌礼部"。

夏言罢相、严嵩入阁在朝中引起不小的政治波澜。给事中、御史纷纷上疏，反对严嵩入阁。他们抨击他"素著奸恶"，"背公营私，变乱国是，大坏天下之事"，因此应该赶出内阁。严嵩起而反攻，声称他们是受了夏言的"指使"，"鼓结党与，互相构煽"，"豺凶为群，磨牙摇毒"。皇帝屡降谕旨，慰藉严嵩，斥责言官。其中对严嵩《恳乞罢免》疏的御批竟长达二百余言，内中讲道：宰辅之臣乃君主钦命，"使恩柄不移"，并非要由臣下"推举"；众人对你严嵩入阁"攻击不已"，一切都想要由下面决定，这简直是"不尊君上"，因此"必罪以无君之律"。由于皇帝的"曲赐全保"，尽管反对者纷纭，严嵩仍旧擢任辅宰，稳坐内阁。

严嵩对皇帝忠顺、勤敏，但不孚众望。为了为其"益竭忠勤，辅成朕治"创造条件，皇帝亲自出面为之树立威望。嘉靖二十一年十一月，赐给他奴仆二名。二十二年二月，召见于西苑万寿宫，面赐手敕一道、"忠勤敏达"银印章一颗，许其"朝夕谋猷入告"，径直"密封言事"。二十二年四月，钦赐其原籍袁州新宅匾额，楼名"琼翰流辉"，堂名"忠弼"，阁名"敕赐延恩之阁"，并命工部"制匾给悬"。前赐印章名为"忠勤敏达"，今赐堂名为"忠弼"，皇帝要求于他、满意于他的只是一个"忠"字。严嵩对此理解得非常准确，他说，皇帝"于忠之一字，每致意焉"，"惟是忠诚一念，夙夜尽瘁，期质神明，坚确弗移，可贯金石，斯则臣之所自勉、自信而弗敢有负者也"。二十三年八月初，皇帝亲下手谕，严嵩加官太子太傅，使之与首辅翟銮同秩。

入阁也非严嵩终极目的，出任首辅、独揽阁权才是最高目标。当他在内阁站稳脚跟之后，便凭着"无极天恩"为此而展开紧张的活动。

夏言去位后，翟銮递升为首辅，严嵩为次辅，内阁只翟、严二人。翟銮资历官阶虽在严嵩之上，但柔媚勤敏远不如严嵩，因此皇帝对之日益厌弃，每有咨询赏赐，辄召严而不及翟。严嵩初入内阁，即"揽权自恣"，诸臣奏请政务，必先经其许诺，然后上闻。翟銮也摆出首辅的派头，以官阶压制严嵩，不肯逊避，于是二人遂成水火，明争暗斗。

阁臣讧斗，言官起而弹劾。嘉靖二十二年六月，给事中周怡上《劾严嵩疏》，抨击他"心术奸回"，"行检污秽"，"人品鄙劣"，"识见浅陋"，"专柄揽权"。周怡又上《请敕责大臣不和疏》，对于不顾边境危机、百姓流离而"卿辅大臣争于朝，文武大臣争于边"，"阴挤阳排，互相诋讦"的腐败现象给予严厉的谴责，并且勇敢地对皇帝的统驭效能提出异议。嘉靖皇帝最恨言官，直言敢谏者多遭惩治，周怡因上此二疏锒铛入狱，一关就是五年。

不要说言官，就是六部之首的吏部尚书许赞也因弹劾严嵩而遭皇帝斥责。嘉靖二十二年六月，许赞上疏揭发严嵩接受监生钱可教贿赂，为其书写名帖，至吏部营求东阳县（今属浙江）知县之职。严嵩上疏辩解，公然为嘱托受贿张目：许赞以前听嘱受贿亦多，即使我有此一帖，"何至便相讦（讦，揭发他人阴私）发"？我昔日在礼部时，许赞"干嘱之帖尽多，臣若效所为，累纸莫尽，但非大臣之体矣"。而且以攻为守，反诬许赞洁己污上。皇帝见怪不怪，对严嵩的"卖官有理"论给予公开的支持和肯定，对许赞反予训斥。他说：严嵩所为"俱不为太私"，"你每（们）果一人不奉承，一帖不接受？""汝等果一心尽实，不必有此讦发"。谕旨还宣布将参与揭发严嵩的文选郎中王与龄罢官为民。皇帝的圣旨等于批准请托受贿合法化，从此卖官鬻爵日益猖獗。正如史家所论："案此嵩（严嵩）之卖官鬻爵已露其端倪，而部臣之委靡依违，世皇（嘉靖皇帝）实已先导之矣。"严嵩之射人，"如北虏弯弓，矢无虚发"，许赞首次交锋便告败北，"自是慑嵩，不敢抗，亦颇以贿闻矣"。

翟銮也不是严嵩的对手，挫败得比许赞还惨。嘉靖二十二年秋，翟銮之子翟汝俭、翟汝孝在乡试中一同考中举人；二十三年春，在会试中又一同考中进士，"联中乡（乡试）、会（会试）"，"若持券取物"。严嵩抓住时机，指使亲信言官弹劾翟銮父子勾通考官作弊，"朋贿鬻科"。皇帝传旨，令吏部、都察院查勘。翟銮气势不减，上疏自辩，提出请皇上亲自出题，重新再试，并且表白自己入值西苑、赞助皇上修仙之功。翟銮弄巧成拙，提起"入值之功"，反倒坚定了皇帝立即罢免他的决心。原来他同夏言相似，对此并不像严嵩那样尽心尽力。皇帝恼怒，命吏部、都察院治罪，不许回护。翟銮对皇上不能百依百顺，严嵩又借机排陷，其下场可想而知。嘉靖二十三年八月底，不等司法衙门推究拟罪，皇帝即径直下令，尽夺翟銮官秩，同其二子一起削官为民。后经法司会审，考官"并无贿情"，但也遭惩处。

在两年的时间内，严嵩连续挫败夏言、翟銮两员内阁首辅。翟銮离朝的次月，皇帝下诏，宣布严嵩替代翟銮为内阁"首臣"。他蹬着失败者的肩头，终于坐上了梦寐以求的首辅即宰相的宝座。他带着胜利的喜悦和"百官表率"的傲气炫耀说："辅职之元僚，实典政机之密务，是必才德并懋乃可克任。"该年十二月，严嵩一品官秩六年考满，加官少傅，荫封一子中书舍人。二十四年七月加太子太师，八月进少师。至此严嵩已加官至"三孤"的最高一级少师，太子三师的最高一级太子太师，"两载叠荷宠数，已极优隆"。

严嵩为首辅后，诏许赞为文渊阁大学士，张璧为东阁大学士，入阁办事。许赞已被严嵩制服；张璧乃严嵩举荐，且性情温慎，听其指使，因此这三人内阁，"政事一决于嵩"。其他二人"无所可否"，既无权参与票拟，也不能进入西苑侍值，许赞哀叹："何必夺我吏部，使我旁睨人?"内阁原设一名由尚书或侍郎兼翰林学士衔的大臣专管诰敕，严嵩任首辅后，嫌其官秩太高，有碍独断，改由侍讲、编修等低级史臣分掌其责。

严嵩国柄在握，踌躇满志。得意之余，也不免有些忧戚。他当首辅这年，已经六十有五，虽然权术愈加纯熟，但毕竟精力衰退，不堪繁剧。他身边急需一位精明强干的心腹助手。而最可靠、最称心的莫过于自己的儿子严世蕃。

严世蕃是严嵩的独生子，出生时父亲已经三十四岁。他"肥白如瓠，短而无项"，一眼盲瞎，为人桀骜狡黠，机智敏捷。嘉靖十年，严嵩礼部侍郎三年考满，恩荫严世蕃入国子监读书，后授顺天府（今北京地区）治中。治中，正五品，辅佐府尹（正三品）、府丞（正四品），参理府事。严世蕃虽在京畿任职，但属于中下级地方官员，帮不上宰相老子的忙。因此严嵩便于嘉靖二十二年向皇上提出将其调入朝中尚宝司的要求。吏部文选郎中郑晓认为严嵩的奏请不合章法，予以驳回。严嵩大怒，密疏诋毁，郑晓被贬和州（今安徽和县）同知。障碍排除，该年十月皇上钦准严嵩之请，命吏部改授严世蕃尚宝司少卿，仍支正五品俸。

尚宝司最高长官为尚宝司卿，正五品；其次为少卿，从五品。两年之后，尚宝司卿之职空缺，吏部推举尚宝司少卿严世蕃、刑部郎中赵文华（严嵩义子）为候选人，请皇上点用。皇上破格超擢，命严世蕃以太常寺少卿掌尚宝司事。太常寺少卿正四品，这样严世蕃的职务既从尚宝司副职转升为正职，品级也从五品上升为四品，即以比尚宝司卿高一级的地位掌管该司。如果只升为尚宝司卿而不带太常寺少卿之衔，那么其品级等于没有升迁（原已支正五品俸）。因此严嵩说这是"望外不次之荣"，"君父恩慈比二仪（二仪，天地）而同大"。

那么，严嵩为什么要控制尚宝司呢？因为它是朝廷的机要部门。尚宝司掌宝玺、符牌、印章，而辨其所用，设在皇宫右掖，地处禁秘。凡用皇帝宝玺，如发布诏、敕、诰、谕、册封、调兵、赐劳、封赐外夷等，皆"奏请而待发"。每大朝会，本司官二员捧宝玺导驾，立侍殿中；皇帝出驾、出巡，则捧宝随行，"为侍从，至亲近"。凡请宝、用宝、捧宝、随宝、洗宝、缴宝，皆与内宫尚宝监（宦官机构）共同负责。朝廷所用之信符，如勋戚扈从、公侯驸马都督侍卫、锦衣卫当值所用之金牌，皇城禁夜、五城夜巡所用之令牌，虎贲巡城所用之铜符，九门守卫所用之铜牌，锦衣校尉入值所用之双鱼铜牌，京官朝参所用之牙牌，亲王之藩及文武大臣出抚镇所用之符验，御史出巡所用之印，皆由其"稽出入之令，而辨其数"，"其职至迩，其事至重"。宝玺是皇权的象征，牌符是执行军政重务的凭证，尚宝司之职实属要害。父亲操票拟之权，儿子掌宝牌之用，严嵩以为这样便可畅通无阻地施展权威了。

四 夏言还朝

但是事态的发展并不都像严嵩想象的那样顺利。嘉靖二十四年八月，大学士张璧病逝，内阁只剩严嵩、许赞二人。而许赞和吏部尚书熊浃又惧怕政治风浪的险恶，皆以年高多病为由请求致仕休养。皇上责其"忘君爱身"、"无恋君之忠"，一怒之下将许赞罢官；熊浃削官为民，锦衣卫押送原籍。这样，首辅严嵩在朝颇成专擅之势。而嘉靖皇帝是一位既修仙又专横的皇帝，绝不会像他的堂兄武宗皇帝那样使君权旁落。为了防止严嵩专权欺君，他想最好的办法还是让夏言出山，使其相互牵制，在二虎相斗中，坐收威柄不移、乾纲独揽之效。而夏言自二十一年罢归以后，每逢元旦、圣节（皇帝生日）都要上表祝贺，自称"草臣"，皇上多少也动恻隐之情。

嘉靖二十四年九月十五日，诏令夏言回京复职。夏言在家乡贵溪接旨后，当即启行北上。夏言三起三落，"麾斥来去，无复待辅臣之礼"。现在皇帝虽然召其回朝，但摆在他面前的道路依然十分险峻。这一方面由于皇帝对他仍存疑心，另一方面政敌严嵩决不会善罢甘休。因此他的门客都劝其急流勇退，不要出山，但他生性豪迈，还是毅然北赴阙廷。

该年十二月，夏言返京，尽复少师兼太子太师吏部尚书华盖殿大学士原官，仍为首辅。严嵩在首辅宝座上刚刚坐了一年，又被换了下来，还得屈居夏言之下，充任次辅。他怎能不懊恼、忌恨？自此他们之间的斗争进入一个新的时期。究竟鹿死谁手，还需有一场更为严酷的较量。

夏言性颇伉直，见上委任，无所顾忌，"视分宜（严嵩）如无也"。夏言回朝后，为报谗害之仇，对严嵩愈发藐视，严嵩"噤不敢叱一语"。夏言罢官时，严嵩"尽去其党"；夏言复官，"亦黜其党相当"，严嵩"唯唯而已，不敢相救"。夏言柄政十年来，家资日益富厚，"高薨（薨，屋脊）雕题，广囿曲池之胜，媵侍便辟（便辟，逢迎谄媚貌）及音声八部，皆选服御，膳馐如王公"。按规定，入值阁臣，朝廷日供酒馔，于阁中会餐。但夏言不吃宫中所供之食，而由家自备，甚为丰馔，什器皆金银所制。严嵩不敢造次，按规矩自食所供之餐，"廖廖（廖廖，同寥寥，空虚）草具"。两年之中，夏言与严嵩共案相对而食，夏言不曾让过严嵩一匙，严嵩显得十分的尴尬狼狈。

严嵩之子尚宝司卿严世蕃窃弄父权，嗜贿嚣张，横行京师。接受两淮副使张禄厚赂，合伙贪污盐银，又包揽转纳国赋钱粮，多所腋削，从中渔利。夏言侦知，欲向皇上告发其罪。严嵩大惧，带领严世蕃赴夏言府第哀求。夏言谎称染病，杜门谢客。严嵩贿通守门仆役，始得进入府中。然后直走夏言榻前，父子一齐跪下，哭泣谢罪。夏言见状心软，"谓其屈服我也"，遂将此事按下未奏。但是严氏父子对之却"愈恨之"。

为了躲避风头，严嵩以迁改祖坟为由，为严世蕃告假回乡。嘉靖二十五年春，严世蕃将其父子在京受贿所得巨额金银，藏在一百副特制的夹板之内，载回江西袁州，有"家资百万，只欠九万之憾"。严世蕃在家乡潜伏一年之久，至二十六年春，方敢返京。其时天下士民皆恨严氏父子贪贿谗佞，见夏言能抑制之，深以为快。

夏言对公侯贵族也敢碰硬。翊国公郭勋恃宠骄恣，贪残害民，夏言与之长期对立。二十年九月，郭勋终被逮捕，死于狱中。夏言这次复官之后，又对驸马都尉京山侯崔元、太保锦衣卫都督陆炳展开斗争。陆炳执掌锦衣卫，势倾天下，人畏其威，"但呼太保名，能止小儿啼"；积资数百万，宅第十余所，庄田店肆遍四方。与严嵩盘蹐相重，结为姻亲。二十六年十月，御史陈其学弹劾崔元、陆炳蛀坏盐政，扰乱钱法，贪赃受贿。夏言拟旨，欲治二人之罪。陆炳以三千两银子相送，请求宽免，夏言拒之不受。陆炳走投无路，只得向其跪拜求饶，"泣泗输罪"。夏言向来骄矜傲慢，这时似乎感到一种权势的满足，于是作出让步，决定只收捕为虎作伥的崔元家丁，而令崔元、陆炳各自如实陈述违法情状，承认罪过，然后为之乞恩，释之不问。

严嵩恨夏言入骨，"日夜求以中之"。他同崔元、陆炳、仇鸾等勋戚贵族结成倒夏联盟，必欲置其死地而后已。但是在策略上，他采取了"避其锐气，击其惰归"的战术。他懂得，在夏言东山再起之初，不能以硬碰硬，而要以己之长制他人之短，韬光养晦，待机而发。"柔媚"是他品格的本质特征，也是与政敌作战的最好武器。他确信，运用这一"软武器"，最终必能摧毁夏言。而夏言则"素以气凌人"，在狡诈的对手面前掉以轻心，甚至对严嵩的卑躬屈膝信之不疑，"竟罹小人之术"。

要彻底动摇皇帝对夏言的信任，必须首先收买皇帝身边的太监。皇帝为了对夏言、严嵩进行考察，经常派太监到二人住处侦视。太监到了夏言那里，夏言盛气凌人，"以奴视之"；而到了严嵩那里，严嵩则表现得非常谦和，"必执手、延坐款款"，并且悄悄地把金银塞进他们的袖筒。因此太监们"争好嵩（严嵩），而恶言（夏言）"，在皇帝面前分别加以称赞和诋毁，并将皇帝的动向及时反馈给严嵩，使之对"宫内动静无不预知"，处处主动；而夏言则闭目塞听，盲人瞎马。

嘉靖中期以后，皇帝对修仙更加专注，而且对四六文体亦颇精通。侍值诸臣所进青词，每选其优秀者令太监抄录备览，因此进御之词，先后不敢重复。夏言复官以后对青词愈发厌倦，将其交给门客代拟。门客多以旧稿敷衍搪塞，夏言也不检阅，便进呈交差。皇上认为这是对神仙的亵渎，"每掷之地而弃之"。与夏言相反，严嵩"益精专其事"。皇帝要举行什么斋醮，祝贺什么祥瑞以及有什么行幸建置，太监们都提前通报给严嵩，严嵩事先撰写好颂赞词赋、青词以侍，闻命即上，因此皇帝"悦其敏捷"，"益爱之"。皇帝常在夜间派太监密查侍值大臣行迹，严嵩得此信息，故意每晚灯火通明，伏案研制青词玄文；而夏言则已就枕酣睡，不复顾念。

仇恨在加深，杀机在酝酿，一场新的政治风暴即将来临。

【第六章】

谋杀曾铣、夏言

一 誓复河套

严嵩终于在当时国家最危急的事情——河套防卫问题上等来了杀害夏言的时机。因此，现在我们将要转入对明代北部边患及由此而引起的朝内党争的叙述。

洪武元年（1368）七月，在明朝北伐大军猛烈攻击下，元朝最后一位皇帝妥懽帖睦尔仓皇丢弃京城大都（今北京），北逃沙漠，元朝灭亡。洪武三年四月，妥懽帖睦尔患痢疾逝世于应昌（今内蒙古自治区达赉诺尔西南），皇太子爱猷识里达腊继位，北迁和林（今蒙古人民共和国哈尔和林），仍沿用元朝国号和皇帝帝号，史称"北元"。洪武十一年，爱猷识里达腊病逝，子脱古思帖睦尔继位，自此部帅争位，皇帝多被弑杀，帝号难明。建文年间，鬼力赤按照蒙古传统，去掉元朝国号，改称"鞑靼"；去掉皇帝帝号，自称"可汗"，从此北元结束。

至永乐年间，蒙古族逐渐形成鞑靼、瓦剌、兀良哈三大部分，鞑靼部居中，瓦剌部居西，兀良哈部居东。三部之间，此消彼长，或分或合。三部首领同明朝的关系，一方面接受朝廷的封号官职，称臣纳贡，互市贸易；另一方面又不断兴兵南下，侵入内地，掠夺人口、粮食、铁器、纺织品、牲畜及其他财物，并且妄图复辟元朝，重温大元帝国的旧梦。他们是隶属于明朝的地方军事割据势力。由于他们的侵扰，有明一代北部边患不绝。

明初洪武、永乐时期，对漠北地方割据势力采取招抚亲善和武力征讨相结合的方针，从而促进了多民族国家的统一，为社会经济的恢复和发展创造了和平安定的历史环境。明太祖朱元璋称帝之前曾以"驱除胡虏，恢复中华"作为动员民众、推翻元朝的政治口号。元朝灭亡、明朝建立之后，随着政治、军事形势的变化，他对元朝及蒙古族的看法和政策发生了重大转变，正确地提出了"一视同仁，华夷无间"的民族团结方针，并承认元朝同样是中国的一个朝代，充分肯定了它在中国历史上的地位。基于这样的认识，他对元皇后裔、蒙古诸王、各部酋长及蒙古族民众提出了一系列合情合理的团结政策。与安抚羁縻同时，又在北边建置军队卫所都司，分封亲王镇守要塞，修筑边墙城堡，建立边防体系。对于顽固抗拒统一，兴兵南下侵扰的武装割据势力则发兵予以征伐。这些军事措施同团结政策一样，对于制止战争，维护统一，保护汉、蒙、维吾尔、回等各族人民和平的生产和生活环境同样发挥了重要作用。

明中叶以后，一方面由于蒙古割据势力的发展壮大；另一方面由于明朝政治日趋腐化，边备日趋废弛，因此北部边患日益严重。蒙古军队肆无忌惮地南下攻杀抢掠，民众深受其害，"塞上村落萧条，有千里无人烟者"。

明中叶以后，河套地区成为蒙古军事势力向内地发动进攻的一个重要基地。"河套"即黄河套，周围六七千里，三面濒邻黄河，土地肥饶，宜于耕牧，我国古代历朝皆在此设官置守。明初洪武三年攻取套外重镇东胜，四年建立东胜卫，后又筑东胜城。七年，大将李文忠经略套外名城丰州（今内蒙古自治区呼和浩特东北）。二十六年，又以大同镇（今属山西）为中心，东西广置卫所，并设偏头（今属山西）、宁武（今属山西）、雁门（今属山西）三关。在河套以西，设置甘州都指挥使司及甘州、宁夏等卫。这样，不仅在河套外围建立起坚固的防线，而且以东胜为连接部，东联兴和（今河北省张北）、开平（今内蒙古正蓝旗北）、大宁（今内蒙古宁城县西），西联宁夏（今银川）、甘肃（今甘肃张掖），形成明初北部边境逶迤不断的前沿防线。这条防线的建立，有力地保卫了北疆，为河套和北方各族居民创造了较为安定的生活环境。

蒙古鞑靼部最早进驻河套是在天顺年间。从此鞑靼以河套为基地不断向内地发动侵掠，"无岁不入，杀掠迄数百万"，"套寇"遂成明朝"膏肓之疾，腹心之害"，"北境无宁岁矣"。出套而东，或破偏头、宁武、雁门三关，转而南下，洗劫山西州县；或东出大同、宣府，直逼畿辅，京师戒严。出套而西，则侵掠宁夏、兰州、凉州、甘州及西宁、临洮、洮州等府、卫。由套而南，则寇掠榆林、延绥、延安、庆阳、平凉、巩昌、凤翔、西安等府、卫，全陕荼毒。

嘉靖年间，在鞑靼诸部之中，以吉囊部和俺答部最为强盛，各拥兵十余万骑，占据河套内外，"雄黠喜兵"，"相率蹂躏诸边"，对内地的掠夺更为残酷，"套寇之患"遂在嘉靖中期以后愈演愈烈。嘉靖十九年至二十五年，俺答、吉囊在山西、陕西、北直隶"杀略人畜无虑百数十万"，国无宁日，京师为之戒严。

蒙古军事割据势力发动的侵掠战争妨碍了国家的统一，破坏了内地和边疆的生产，危害了汉蒙各族人民的安全。毫无疑问，抵御它的反侵掠战争是正义的、进步的。

面对"套寇"的疯狂侵掠，朝廷应该采取怎样的方针？抗战派与妥协派之间展开了激烈的斗争。三边总督曾铣便是抗战派代表人物之一。

曾铣，字子重，号石塘，江都（今扬州）人，与夏言妻父苏纲同乡。历任知县、御史、巡抚、副都御史、兵部侍郎。二十五年春夏，陕西"虏患"吃紧。这时夏言复任首辅，主张抗战退敌。在夏言的支持下，二十五年四月，曾铣升任陕西三边（延绥镇、宁夏镇、甘肃镇）总督。曾铣慓锐机智，慷慨任事，立志扭转败局，安定边疆。面对占据河套内外的俺答及吉囊子孙制造的战争灾难，他认为治本之策在于收复河套。于是于嘉靖二十五年八月，上《议收复河套疏》，系统地论述了收复河套的主张和方略。他指出，明军从河套撤防是边患日重的重要原因，因此必须改变消极防御、无所作为的战略思想，确立积极进攻、根治套患的战略方针。他进而提出以武力驱逐"套寇"，春搜于套，秋守于边，拒河为城，分番哨守；在河套地区设置军政统辖机构，加强治理；招徕沿边及内地军民屯田垦种，每军民一户给田二顷，大力兴修水利，开发河套。该年十二月，曾铣再次上疏，奏请修筑自定边营（今陕北定边）至黄甫川（今陕北府谷至内蒙古准格尔旗一带）一千五百余里边墙，预计三年完工。

曾铣奏疏上呈朝廷，嘉靖皇帝令兵部议复。兵部尚书陈经畏难退缩，敷衍塞责，认为宁可忍受连年战祸，也不可出兵收复河套。但是内阁首辅夏言却极力支持曾铣收复河套的建议，票拟了赞许曾铣奏疏的圣旨，"将相调和，力主河套,以复百年之故疆"。而此时的嘉靖皇帝觉得,靠他的修仙之功,玉帝神仙会帮他"保民伐逆",因此对复套似乎也有了信心,于是批准夏言的票拟,发下圣旨:"今曾铣能倡逐虏复套之谋,厥猷甚壮。"令兵部发银二十万两,听曾铣修边、饷兵、造器,便宜调度支用,以备明年防御之计。(《明世宗实录》卷三一八)

曾铣"有胆略,长于用兵"。为实现收复河套的壮志,他积极练兵备战。创"环车阵"、"油纸法"、"慢炮法",痛击来犯之敌,败军"惟以曾爷爷呼之"。他还一改被动挨打的局面,主动出击,取得北边多年少有之捷,"套虏"移帐渐北,不敢近塞。事实表明,只要改变任敌杀掳的不抵抗方针,整军备战,边患就可得到抑制。

该年十一月,曾铣会同地方军政官员参酌计议,又上疏陈述"复套方略"十八条:恢复河套;修筑边墙;选择将才;选练士卒;买补马缨;进兵机宜;转运粮饷;申明赏罚;兼备舟车;多置火器;招降用间;审度时势;防守河套;营田储饷以及明职守、息讹言、宽文法、处孳畜等。同时进呈营阵图八幅。嘉靖皇帝"览而嘉之",令兵部议行。兵部尚书王以旂会朝廷大臣集议,上奏云"曾铣先后奏疏俱可施行"。皇帝高兴地说:"虏据河套,为国家患难与共,朕轸怀宵旰有年矣,念无任事之臣。今铣(曾铣)前后所上方略,卿等既看详,即会同多官,协忠定策以闻。"(《明世宗实录》卷三三〇)

但是曾铣万万没有想到,他的忠肝义胆招来的却是杀身之祸。正当他意气风发、军威初振之时,风云突变,嘉靖皇帝在严嵩的怂恿下突然翻脸,下令将其斩首,内阁首辅夏言也因支持其收复河套而被杀。

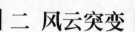

二 风云突变

收复河套，事关重大，但严嵩却阳奉阴违。议复兴起，他表面上附和夏言，称赞曾铣；暗地里却布置陷阱，制造杀机。

昏君奸相总可以找到摧折国家栋梁的借口。嘉靖二十六年七月，陕西西安府澄城县麻陂山山崩，"先大吼如雷，昼夜不绝"，然后从中劈裂，"东西分驰三四里"。按迷信说法，此乃"分崩离析"之象。严嵩无比兴奋，心想，皇帝笃信神仙玉帝，只要把"山崩"与收复河套联系在一起，就一定能够"打动圣心"，不怕夏言、曾铣不人头落地。于是与京山侯崔元密谋，指使有关官员暂将这一灾变隐匿不报，待时机成熟时再奏禀皇帝。

该年十二月，命兵部进呈收复河套的具体方案。恰在此时，京城狂风骤起，尘沙迷漫，阴霾满天。这又是一起不祥之兆。经占卜，乃为边境有警之征。这是一个绝好的时机。倘若这时再让皇帝知道山崩的灾变，一定能够大大增加"圣衷忧念"，从而产生对夏言、曾铣力主复套的反感。于是，腊月二十八日，扣压半年之久的关于山崩的奏章送到皇帝面前。这天，皇帝正在举行祈祷长生的醮斋，山崩、风霾之凶一齐奏到，好不晦气。他既震惧又恼丧。

原来这也是严嵩做的手脚。他早已买通皇帝身边的太监，嘱咐他们专等皇帝醮斋祈祷时，再把有关曾铣议复河套的奏章及灾异报告一起进呈给他批阅，引起他心理上的反感。严嵩又秘密授意皇帝最宠信的道士陶仲文，令其在皇帝面前陷害夏言，就说"山崩应在圣上"，但并不是不可挽回，只要由宰相和边防大将当替身，便可化险为夷，皇帝仍可万寿无疆。他还偷偷地对皇帝宠信的太监说："汉朝灾异，赐三公死，以应天变。"太监们平日里没少接受严嵩塞给的金银财宝，因此当皇帝问他们"此事（议复河套）竟可否?"他们都神秘地说："万岁不问，奴不敢言"，曾铣奏疏呈来之时，"举朝大臣相顾骇愕，以为召衅生事，危可立待"。皇帝听后"色动"。

二十七年初春，议复河套的形势急转直下。嘉靖皇帝翻云覆雨，对曾铣一夜之间便由"嘉其壮猷（猷，谋划）"改为问其"欺罔误国"之罪。正月初二，首先对灾异表示了极大的关心，向阁臣夏言、严嵩宣谕，这是"上天示象，儆戒昭然"。正月初六，嘉靖皇帝对曾铣复套之议尽改原来腔调，密召首辅夏言、次辅严嵩，向他们尖锐地提出："套虏之患久矣，今以征逐为名，不知出师果有名否? 兵果有余力、食果有余积，预见成功可必否……今欲行此大事，一铣（曾铣）何足言? 只恐百姓受无罪之杀。我欲不言，此非他欺罔比，与害几家几民之命者不同。我内居上处，外事下情何知可否? 卿等职任辅弼，果真知真见，当行拟行之。"（《明世宗实录》卷三三二）就是说，在他看来，收复河套，既师出无名，又无兵力、财力，完全是肆意屠杀百姓、欺君枉法之举。嘉靖皇帝就好像从未下过钦准曾铣收复河套的圣旨一样，堂而皇之地对复套作了根本否定的训示。并命司礼太监将这一圣谕刊印百份，发给朝臣集议。

皇帝骤然改变态度，夏言惶恐不安，不敢议决可否，奏请皇帝自行裁断。而严嵩则欣喜异常，立即上疏，跟着皇帝的调门，大讲曾铣"有好大喜功之心，为穷兵黩武之举"，并项庄舞剑，把矛头指向夏言。在奏疏中，他对边患所持的完全是一派悲观论调。他颠倒因果，认为北疆深重的灾难并不是由于蒙古军队的侵扰造成的，而是由抗战官军的抵抗造成的，因此出路也就不是打退进犯，而是任其抢掠烧杀。不过他的这套主张在曾铣奏章上呈的当时并没有发表出来，而是看着皇帝的脸色，对复套之议加以赞扬；只是在皇帝改变态度之后，他才看风转舵。高呼"大哉皇言"，对复套之议鸣鼓而攻之。在奏疏的末尾，他不忘画龙点睛，提醒皇帝，收复河套的建议虽然是曾铣提出来的，但"平章实在辅弼"，批准其议的圣旨却是夏言拟写的；当时包括自己在内的"在廷之臣，皆知此事为难"，但由于畏惧夏言，"而不敢明言"。并进而暗示皇帝，夏言身为首辅，对"此等干系国家安危大政，不能事先匡正"，"将焉用彼哉"？在这里，严嵩把自己虚伪、狡诈、阴险、谄媚的丑态勾画得惟妙惟肖。嘉靖皇帝与严嵩一唱一和，在对其奏疏的批答中，为自己编造神话说，他从一开始就看清楚了夏言、曾铣收复河套的主张是谬误的，是出于私心，因此"一字未答，以示未可"，一切罪责都在夏言身上，是他欺君拟旨，下达了批准的诏谕。

夏言的处境十分危险。在严嵩抢先单独密奏之后，他起而应战。他一方面重申当初支持曾铣收复河套之议的理由；另一方面戳穿严嵩加害于己的阴谋，指出此事曾经数次与严嵩商议，"绝无异言，今乃先臣具奏，名虽自劾，意实专欲诿臣自解"。皇帝对夏言不仅丝毫没有谅解，反而严厉地斥责他"强君胁众"、"诈称上意"，命法司参究拟罪。

严嵩见皇帝欲治夏言、曾铣之罪，就像吃了定心丸，越发穷追不舍。接着又上一疏，极力洗刷自己、攻击夏言，为皇帝所说的"强君胁众"、"诈称上意"提供"证据"，攻势甚为凌厉。但夏言铁骨铮铮，决不向其屈服，再次上疏对之加以批驳，并提出辞职。他在奏疏中不仅痛斥严嵩"危祸中臣，必欲置之死地"，而且反驳皇上。他说皇上原已钦准曾铣复套之议，虽然圣旨是臣下草拟的，但"一经御览即系圣断，非臣下所敢轻与者"，大胆地戳穿了皇帝自己编造的"已烛其私"、"一言未答"的谎言。这无异于说，如果复套之议是错误的，那么最终责任应该在皇帝，而不在他夏言。因为他草拟的圣旨，最后是经过皇帝御览钦准了的。在嘉靖皇帝看来，夏言的态度真是嚣张至极，因此催促法司拟罪。

随着皇帝态度的改变，兵部对复套的方针也作了修正。尚书王以旂会同朝臣集议，提出蒙古"兵强据险"，朝廷只能"来则御之，不宜与之较曲直，争尺寸"，"前议出师搜套一应事宜，悉行停止"。但是直至此时，兵部仍未提出罢免曾铣，并且请求发予粮饷军马。皇帝十分气愤，对兵部附和夏言、曾铣，"忍心观望"加以谴责，并下令：锦衣卫立即派遣官校逮捕曾铣来京讯问；兵部尚书王以旂，夺俸示罚，姑且兼金都御史前往陕西三边替代曾铣，"以赎前罪"；凡参与集议复套的官员皆罚俸一个月，兵部侍郎罚俸一年；御史、给事中等科道官员对此"安危大计"皆"寂无一言"，锦衣卫立即将他们逮至阙下廷杖，并各罚俸四个月。

尽管皇帝给夏言加上了"专徇私情，强君胁众"、"密奏未允，诈称上意"的严重罪名，并且下令逮捕曾铣，责罚与事官员，但是吏部尚书闻渊、礼部尚书费寀、都察院都御史屠侨拟议的对夏言的处理意见仍然模棱两可。他们上奏说：夏言只是有将己意强加给皇帝的嫌疑、迹象，因此对他如何处理，还是由皇上裁决吧！他们的暧昧态度遭到皇帝斥责："尔等奉旨议奏，犹谓'迹涉'"，这是惧怕夏言，向他献媚，"是何臣体"？于是下诏，削夺夏言少师、太子太师、大学士官职，以礼部尚书衔致仕。这是他第四次罢官。

真是风云变幻，难以捉摸。在短短的不到一个月的时间内，百官之首的宰相夏言被撤职夺官；敌军闻之丧胆的曾总督成了锦衣诏狱的囚徒。锦衣卫在陕西逮捕曾铣时，"三军大恸，声闻百里"，部下五千亲兵"日夜磨刀称反"，经过抚慰，才慢慢遣散。复套之议惨遭失败，此后再无敢言复套者。

三 曾铣之死

曾铣被逮、夏言罢官并未换来边境的安宁。二十七年正月下旬，据延绥巡抚杨守谦报称，俺答率部踏冰渡河与原驻套内的狼台吉、薅台吉、都剌台吉相合，图谋进犯延安府、宁夏镇。严嵩趁机激怒皇上，声言"俺答合众入寇，皆曾铣开边启衅所致"。皇上听信其言，诏令兵部会都察院速拟其罪，"不许党护"。

在边警传报朝廷的同时，皇帝又接到仇鸾弹劾曾铣的奏疏。原来，曾铣曾经先后两次上疏参劾甘肃总兵官咸宁侯仇鸾诸般违法劣迹，夏言拟旨将其逮捕来京讯问。曾几何时，夏言罢官，曾铣成了罪囚，仇鸾从中看到了翻案的希望。他以"自讼"为名，对夏言、曾铣栽赃陷害，疯狂报复。天道助逆。仇鸾之言"绝无左验，而帝深入其说"，夏言、曾铣之祸接踵而至。皇帝诏令，对仇鸾虚构的夏言、曾铣"罪状"严加查勘；曾铣之子曾淳及夏言妻父苏纲"着锦衣卫使拿了"。仇鸾随之无罪而释，遂向严嵩致以厚贿，"两深相得"。

仇鸾上疏的目的不仅在于陷害曾铣，更重要的是要给夏言加上接纳重贿、包庇罪臣、败坏封疆的罪名，从而"借剑杀人"，置其于"万死之地"。当时人们都说，仇鸾这份疏稿乃严嵩之子严世蕃"一夕草就"，又经严嵩修改。仇鸾同严氏父子之间早有勾结，仇鸾曾向严嵩行贿白银数万两，严嵩则在朝为其内主。仇鸾出任甘肃总兵，严嵩赠诗相贺，赞其"出镇河西当妙选，眼中销略似君稀"。至此，严嵩乃授意仇鸾以复套之事攻击曾铣贿赂夏言，"表里作奸，觊图大福"。在仇鸾奏疏进呈之日，同时又有一份"虏寇犯边"的警报上奏。这些都是严嵩的巧妙安排，目的是以此"激起圣怒"，"凡遇一事，必用一事相应"，"先后数事凑合一时"，务使皇帝"不能释然宽泰"，必置其于死地。

夏言正月二十二出京，二月初四行至天津，得闻仇鸾奏疏及皇上的圣旨，不禁"心骨战惊"。他立即上了一份万言书，以确凿的事实，严密的逻辑戳穿了严嵩父子及其同党京山侯崔元、锦衣卫都督陆炳、咸宁侯仇鸾的阴谋诡计，驳斥了他们捏造的所谓罪状，并对严嵩奸险的政治品质和变幻莫测的政治权术作了鞭辟入里的剖析。直至此时，夏言对皇上还抱着幻想。他寄希望于皇上"从公从实"，"曲赐保全"，以使"国法昭明，公议称服"。但是，皇上既没有被事实所说服，也没有被衷情所感化。

曾铣、曾淳、苏纲之案由锦衣卫都督陆炳主持审理。夏言在位时，曾拟旨查办陆炳贪赃枉法之案，陆炳怀恨在心，寻机报复。这时遂严刑拷问，用野蛮的逼供锻炼冤狱，并将审问情况及时通报给严嵩。严嵩又将其内容禀报给皇帝，咬定所诬曾铣、夏言之罪属实。他禀报说：犯人曾铣，前后携带银两数万来京行贿，"建议复套，希图掩罪升官"，应由法司拟罪；苏纲代其打点，"受赃过万"，应追赃重处；夏言因亲纳贿，"实迹彰露"，应该逮捕追究。

锦衣卫镇抚司在向严嵩通报之后才将案情审问结论正式上报皇帝，其内容与严嵩以上所云相同。他们说的曾铣令其子曾淳先后"持金数万"，托夏言妻父苏纲交给夏言，"朋谋为奸，妄议复套"，"掩覆失事，冒报功捷"等情，皆如仇鸾所奏。这样，严嵩、仇鸾一伙制造的谎言虚词便成了罪状铁案，下一步是根据已经确认的案情定罪判刑。因此皇帝下诏，曾铣"罪在不宥"，法司"从重议拟"；苏纲发配烟瘴地面充军；锦衣卫即差官校逮捕夏言来京审讯。

锦衣卫镇抚司是直接对皇帝负责的监狱，故称"诏狱"。遇重大案件，首先由镇抚司审理，然后才交政府三法司（刑部、都察院、大理寺）拟罪定刑。对于曾铣一案，三法司提出，曾铣之罪"律无正条"，可以比照"守边将帅失陷城寨"律条，定为斩罪。就是说，在《大明律》中找不到与曾铣案情符合的律条，只能借用其他律条，比附其罪。这等于在说，曾铣是"罚不当罪"，而且按此也无法株连夏言。皇帝大怒，斥责三法司：曾铣"情罪异常，有旨重拟，乃称'律无正条'，固可置不问乎？仍依所犯正律议拟"。

《大明律》中有《交结近侍官员》的条文，"交结"双方皆斩。陆炳便依据此律拟定了曾铣的罪名和刑罚："隐匿边情，交结近侍官员，符同启奏"，本人斩，妻、子流放二千里。这是一箭双雕之计，这里所说的"交结近侍官员"系指曾铣交结首辅夏言，按此既可杀掉曾铣，又可网罗夏言。那时的律条在皇帝手中有很大的随意性。经此改拟，皇帝很是满意，下诏定案。三月十八日，曾铣被斩于京城西市（位于今西四）；妻、子远徙边陲。曾铣素来廉洁，死后"家无余资"。该年九月，下诏追赃，并株连蔓引，对支持过曾铣收复河套的文臣武将大肆清洗，将他们打成"曾铣爪牙"，下之诏狱，有的竟处死刑。

曾铣被杀乃"古今不白之冤"，"天下忧伤之"。人们皆以严嵩杀害曾铣比作秦桧杀害岳飞，而且尤为酷烈。史家云："未见败征，先成罪案，二臣（曾铣、夏言）骈（骈，并列）首就戮，嵩（严嵩）之罪上通于天矣。"

我国古代的民族关系是一个相当复杂的历史问题。但是无论如何，维护多民族国家的统一，打退封建割据势力的掠夺，都是值得肯定的正义的爱国行为。而严嵩、崔元、陆炳、仇鸾集团在嘉靖皇帝的主持下，不仅败坏边防，放弃抵抗，而且把关系国家安危、民众生死的边患作为施展政治阴谋的依托、杀害政敌的借口，这无论如何也是对国家、对民族的犯罪。正因如此，像岳飞、于谦、曾铣等因坚决主张抗敌而被昏君权臣杀害的军事家、民族英雄一直受到人们的崇敬，而秦桧、严嵩等祸国奸雄则遗臭史册。隆庆初年，曾铣昭雪，赠兵部尚书，谥襄愍；万历年间，建祠堂于陕西。

四 夏言之死

曾铣虽然身首异处，但夏言依然活在世上。每当严嵩想起夏言三起三落的历史，就不寒而栗。万一喜怒无常的皇上再次赦免其罪，官复原职，那后果实在是不堪设想。因此必须杀掉他。还是在三月一日他向皇上报告曾铣案情时就把逮捕夏言的问题尖锐地提了出来。后来曾铣定为"交结近侍官员"罪，既然是"交结"，那么"交结"的双方当然都是斩罪，于是皇帝下诏逮捕夏言。

这时夏言正在南归途中。曾铣所定罪名传来，他震惊得从车上掉了下来。这位贵极一时的强人，似乎只是在这时才真正意识到，在与严嵩的较量中，他已经彻底失败，他的老命将要断送在严嵩之手。他悲愤交集，仰空长叹："噫，我死矣!"行至丹阳，锦衣卫官校飞骑而至，将其逮捕。他自知前程凶险，有去无回，指着路旁，白杨树说："白杨，白杨，尔能知我此去不返乎?"四月初二，夏言逮至北京，下镇抚司狱拷问。

夏言生性刚直倔强，自知死难临头，仍要揭露政敌的鬼蜮伎俩。囚车刚到京城，即上疏自辩，指明"臣之罪衅，起自仇家"，仇鸾弹劾他的奏疏"明系在京大臣伪撰，借其口以陷臣，茫然无证据"。

但是"罪名已定，夫复何辞"？夏言之辩已无回天之望，皇帝命法司议拟罪刑。刑部尚书喻茂坚、都御史屠侨、大理寺卿朱廷立等提出，夏言"法固当斩，但值侍多年，效有劳绩"，符合《大明律》中"谈能"、"议贵"的规定，似应"宽宥"；而且一直没有认罪，"或有别情，非臣等所敢轻拟"。皇帝对三法司的主张，非常气恼。在他看来，"恩威当自上出"，应该以对他的态度为尺度量刑定罪，否则就是"朋护"、"阿附"，尤其是"侍值多年，效有劳绩"一语更勾起他难平的宿怨，夏言对他修仙的种种抗违举动又都浮现眼前，因此下诏对刑部尚书喻茂坚等予以罚俸和谴责。

皇帝与严嵩虽然都必杀夏言而后快，但原因并不完全相同。严嵩要杀夏言，除施政方针上的分歧外，主要目的是夺取宰相之权；而皇帝要杀夏言，则主要因为他太不听话。他不仅"威福自由，无所忌惮"，罢官之后，"又不知引罪"，而且刚直地坚持事实真相，把皇上曾经"密谕主行"恢复河套的老底也兜了出来，这样的臣子还怎能让他活在世上？封建皇帝可以一言立法，一言废法，三法司不敢抗命，只好按照皇帝的意旨改拟夏言罪名："同曾铣原坐交结近侍官员、紊乱朝政律斩，妻、子流三千里。"皇帝这才钦准其奏：夏言"受朕隆眷，居辅弼，乃专肆欺慢，屡黜不悛，又主议复套，擅启边衅，身及妻孥俱依前律科断"。

夏言虽已定为死罪，但皇帝还有些迟疑，因此并未立即行刑。严嵩仍然忐忑不安，加紧施展阴谋诡计。嘉靖二十七年九月，俺答率数万之众入犯宣府塞，兵锋直抵居庸关，京畿震动。严嵩欲借此机会促使皇帝下令行刑，便上奏说："虏以言（夏言）、铣（曾铣）收复河套，故报复不休。"恰巧这时京城"城震有声"，星象凶变，皇帝恐惧，严嵩乘机密疏，引用西汉成帝因灾异迫令丞相翟方进自杀的典故，"以激上心"；同时又编造夏言"怨望"、"讪谤"皇帝的谣言蜚语，授意太监在禁苑流传。真可谓巧谤如簧，危言烁金。在严嵩的鼓动下，皇帝杀死夏言的决心遂最后下定。

十月二日，夏言被斩京城西市（位于今西四），终年六十有七；妻苏氏流放广西；侄儿礼部主事夏克承、侄孙尚宝司丞夏朝庆夺职为民。夏言壮怀激烈，志清霾雾，不意血染刑场，死于谗害。临刑，他满怀悲愤地说："我有志恢复河套，实欲自尽犬马之忠，不虞至此。"

夏言之死，旷古奇冤，士绅百姓对之寄予了无限的哀戚和同情。关于夏言的死，流传着许多传说和民谣。相传夏言临刑，嘉靖皇帝数次观望三台星，皆灿烂无异，遂捺下朱笔，传旨行刑，然后拥衾而卧。圣旨方出，"则阴云四合，大雨如注，西市水至三尺"。京城百姓为之编出歌谣："可怜夏桂洲（夏言），晴干不肯走，直待雨淋头。"又传，夏言行刑，监刑官刑部主事俞乾，

"惊而仆地，移时乃苏"。俞乾决计洁身自好，上疏辞官。同僚怜其清贫，捐资相助，俞乾拒不受纳。有以诗相送者，诗云："直道难容惟有去，孤忠自许欲无生。"当时还流传着这样的民谣：

可恨严介溪（严嵩），作事忒心欺，常将冷眼观螃蟹，看你横行得几时？

可笑严介溪，金银如山积，刀锯信手施，尝将冷眼观螃蟹，看你横行得几时？

可恨严介溪，作事忒心欺，善恶到头终有报，只争来早与来迟。

（以上民谣见《万历野获编》卷二六、《涌幢小品》卷九）

民众对夏言的同情和怀念还表现在对其遗腹子的保护上。夏言年逾花甲尚未得子，幸而遇难前宠妾崔氏已怀孕在身。但苏氏等妻妾忌妒崔氏，将其赶出夏门，改嫁民间。夏言被杀后，崔氏所生夏言之子被夏言仆人裁缝赵金吾收养，秘不示人。严嵩败落，此子已成少年，相貌酷似夏言，众人争相往观，"郡城内外闻而至者且万人"，争先称快曰："相公复生也。"隆庆年间，夏言昭雪，恢复原官，赐谥文愍。

【第七章】

庚戌之变

一 京城被困

夏言被害后，严嵩再任首辅，直至嘉靖四十一年败落。在他盘踞政府期间，南北边患急剧恶化。

对于俺答入犯，他无原则地妥协退让，斥责边将大惊小怪，"过为夸张"，认为敌军"不过在边抢掠而去"，因此"勿以过虑"，"当自遁灭"。不仅如此，他还肆无忌惮地侵吞军饷，向边帅索取重贿，大发战争之财。丧兵失地者只要向其献以重金，则不但有罪无罚，还可升官晋级；战功卓著者，若不向其馈赠，则不但有功无赏，还要寻衅问罪，致使军心涣散，士无斗志。在这样的治国方针指引下，北部边患日益严重，终于酿成京师被围之难。

嘉靖二十九年夏六月，俺答率众数万侵入大同境内，明总兵官张达、副总兵官林椿英勇战死。事报朝廷，宣大总督郭宗皋流放戍边，大同巡抚陈耀杖死廷下。在严嵩父子庇护支持下，咸宁侯仇鸾东山再起，出任大同总兵官。

同年七月中旬，俺答、脱脱、辛爱纠集河套狼台吉，聚众十余万向东南进发，谋图深入内地。八月上旬，俺答率众寇掠独石、宣府、大同。仇鸾惶惧无策，令其家丁时义、侯荣携重金至敌营，贿赂俺答，请其勿攻大同，往寇他塞。俺答接受金帛，与之订盟，然后移兵东向，转寇蓟州镇。为了掩盖通敌纵寇的丑行，仇鸾上疏朝廷，假意请求率兵"防守京师"，"便宜应援"。皇上嘉其"忠勇"，特令兼将诸路兵马，驻守居庸关。俺答军至古北口外大小兴州（今河北滦平一带），邀结蒙古朵颜三卫为向导，相机破关而入。

大敌压境，警报频传。作为百官之首的首辅严嵩又有何谋划？在对待"北虏"问题上，严嵩一反曾铣、夏言之道而行之，谬主"佳兵不祥"之说，认为明军"兵不素练，将未得人，粮饷匮乏"，因此无力向敌进攻，只能坚持"守之之计"，执行"饱食自去"方针；而且声称历朝历代"夷狄之患，亦不能无"，不必在意。名为"防守"，实则是既无防，也不守，畏敌怯战，苟且偷安，放弃抵御，任其杀掳。正当他振振有词地陈述他的锦囊妙计时，俺答军队已经掘城毁墙，斩将夺关，长驱直入。明军一败涂地的战绩再次宣告了严嵩"防守"政策的破产。

八月十四日，俺答挥军驰至古北口。十六日，抄近路从黄榆沟破墙而入。明军溃不成军，争相丢弃甲杖、马匹，逃窜于山谷林莽之中。俺答乘势南下，当日即由石匣营（今密云水库东北）达密云县，转掠怀柔，进至顺义城下。十七日，逼近通州，幸有巡按御史王忬率众固守，城池才未失陷。俺答分兵杀掠密云、怀柔、三河、昌平等京东州县，危及京师。

俺答扎营通州潞河东岸，京城近在咫尺，举朝震恐，始议战守。命文武重臣各十三人分守都城九门、四隅，由定西侯蒋傅、吏部侍郎王邦瑞总督之。紧急召集京兵团营，仅得老弱四五万人，而其中被太监、提督、总兵之家役占者又居大半，不令出伍。仓皇提取甲仗武器，而守库太监仍循故例索要贿金，迟迟不予发放，久之不能成军。京兵器械精良，尤其是火器更占有绝对优势。当时从武库中发出的火器，"铳有径（直径）五寸，长七八尺者；有一亟（极）而六七窍，如莲寨，如掌，如鸡冠花者，真利器也"。但腐朽的军政却把这支拥有先进利器的军队变成了一群废物，驱之迎战，"皆泣不敢前"。

为了弥补京营兵力之不足，又命都御史商大节督率御史、给事中招募城中居民四万，分列诸门城墙之上；令各地进京应武举考试的官生千余人，分随诸大臣守城。

除调集京营外，又传檄诸镇，征召边兵勤王。仇鸾率大同兵二万三千入援；都御史杨守谦率保定兵五千、游击将军徐仁率延绥兵三千亦开至京郊；接着宣府、山西、辽阳、河间兵马也先后到达，共七镇五万人。封仇鸾平虏大将军，总领诸镇边兵，赐予"密启封记"，准径直密奏言事，并说"朕所重者惟卿一人"。其时事起仓促，诸路勤王师皆轻骑而来，未带粮草，军需犒赏皆不知从何措办。户部苦无经费，文书往返三日，每人始得数饼充饥；待开仓发粮，又无囊袋锅碗，士卒腹空难忍，甚至饥饿而死。

边军同京军一样，亦腐败无能。且不说悍帅仇鸾屯兵不战，枪戟不施，士兵也因备受奴役盘剥而毫无斗志。"边军苦，边军苦，自恨生身向行伍。月支几斗仓底粟，一半泥沙不堪煮。"这样的军队哪会有什么战斗力！因此人们哀叹："国家武备，真无可恃矣！"

八月十九日，俺答在通州河东大肆杀掠，火烧湖渠等御马监马房，俘虏太监杨增等人。是日午后，俺答率部自通州渡过白河，向西杀来。一路大掠村落，焚烧民房，火光烛天，日夜不绝。当日敌骑驰至安定门外，奸辱妇女，大饮教场演武堂上。又寇掠东直门、德胜门外，俘获御马监太监八人。接着列阵都城六门之外，分兵剽掠西山、黄村、沙河、大小榆河等处，畿甸受屠。良乡以西，直至保定皆被惊扰。城郊居民成群结队，扶伤披血奔集京城门下。城门关闭，万人号哭，声彻西苑，皇帝震惧，命启门放入。

时至此时，宰相严嵩方才感到"人心惊惶，易为摇动"，"诸事废弛无备，临时不能猝办，罪之无及"。当时内阁及朝廷重要大运仍驻西苑陪侍皇帝修仙，因此严嵩提出皇帝"暂还大内"、侍值大臣回朝办公的请求，以便君臣"面计防守事宜"。

二 "和贡"之议

八月二十一日，俺答放回所俘太监杨增等人，令其将"求贡"文书传送给明朝皇帝。文书用汉文写成，多轻辱谩骂之语，要求准许三千"贡史"进入京城，给予币帛，然后解围；否则即每年"一髡（髡，剃发）而廓"。

按照明朝惯例，少数民族首领贡使入贡，皇帝需赏赐金银财物，而所赐之值大大超出所贡，以表示明皇乃"天下之主"。俺答此时"以兵胁贡"，其情势又与平日不同，明显具有"城下之盟"、索要赔款的性质，妄图以军事进攻逼迫朝廷承认失败，从而勒取更多的资财。而且外有十万大兵围城，内入三千"贡使"，又极易发生不测。但是若拒绝俺答的要求，都城被困的危机又如何解除？嘉靖皇帝举棋不定，召首辅严嵩、大学士李本和礼部尚书徐阶进西苑便殿面议。

皇帝问道："今事势如此，奈何？"

严嵩慰藉皇帝说："此抢食贼耳，不足患。"

徐阶严肃地反驳道："今虏在城下杀人放火，岂可言是'抢食'？正须议决御敌之策。"

皇帝把头转向徐阶说："卿言是。"但"求贡"迫在眉睫，又该怎样抉择？因此问三人："此事当何以应之？"

这本来就是一个十分棘手的问题。而且皇帝恩威不测，反复无常，万一所言有误，夏言被杀之鉴不远。老谋深算的严嵩设计脱身。明代制度，有关周边少数民族首领贡赐之事由礼部负责管理。于是他从衣袖中将俺答"求贡书"取出，回答皇帝说："此乃礼部之事。"

礼部尚书徐阶赶紧表示，此事虽属礼部，但关系国体重大，"须乞皇上主张"。原来徐阶向以巧于心计著称，他对此事严重性的认识丝毫不比严嵩差，因此便把球踢给了皇帝本人。

"正须大家商量，何得专推与朕?"皇帝斥责道。在国家危急之际，自己的辅佐们竟是如此的圆滑，他不由得怒气顿生。

徐阶对皇帝的心思还不甚了解，于是试探着谈出自己的想法。他说，"今虏驻兵近郊，而我战守之备一无所有"，因此"求贡"之事，"似难峻拒"，不妨权且准许赐贡，议和缓兵;但这样做，又"恐将来要求无厌耳"!

"苟利社稷，皮币珠玉非所爱。"皇帝慷慨地说。

"止于皮币珠玉则可矣，万一有不能从者，则奈何?"徐阶进一步讲明利害。

皇帝悚然说:"卿可谓远虑，然则当何如?"宋朝有"澶渊之盟"和"靖康之变"的历史教训，本朝有英宗被俘的耻辱，想到这些，皇帝不免不寒而栗。

到这时徐阶觉得似乎已经摸清楚了皇帝的态度，便把自己的"缓兵之计"拿了出来。他提出应该这样答复俺答:他的"求贡"上书不是蒙古文，而是汉文，"朝廷疑而不信"，而且没有"临城胁贡"之理。如果有求贡诚意，应立即率部"退出大边之外"，另派和平使臣，赍持蒙文奏表，通过大同守臣上奏，经皇帝钦准，方可入朝。按此程序，"往回之间，四方援兵皆至，我占守有备矣"。

皇帝点头称赞:"卿言是"，并命将此事提交朝臣百官再议。严嵩、徐阶等退出。

当日中午，徐阶召集群臣聚于午门之下，传达皇帝谕旨，令众人讨论可否许贡?百官相顾，莫敢发言。徐阶乃发下笔札，令各书所见，然后奏请上裁。这时国子监司业赵贞吉愤然而起，扼腕陈词:奸臣必有主和者，万一许贡，其三千之众必然入城，"内外夹攻，何以御之"?不发兵驱敌，而畏其恐吓，"迫而许之，何异城下之盟"?

皇帝得到密窥会议情况的太监报告，对赵贞吉之言"心壮之"，便将其宣入左顺门，发给纸笔，令当即书写奏疏，陈述救时之见。赵贞吉心情激动，奋笔疾书，希望皇帝御朝视事，下诏罪己。并提出奖功罚过，激励士气的具体办法，若斩敌首级一颗，即奖银百两，那么朝廷拨银十万，则可立歼敌军。皇帝阅其奏章，"嘉其壮猷"。

　　赵贞吉奏对完毕，兴冲冲地前去拜谒宰相严嵩。严嵩辞而不见。严嵩义子、通政使赵文华嘲讽他说："公休矣！天下之事当徐缓议之。"赵贞吉凛然骂道："汝权门犬，何知天下事？"严嵩得知此情，勃然大怒，决计治一治这位意气风发的"狂诞"书生。于是向皇帝推荐，提升他为左春坊左谕德兼监察御史，捧诏携银，出城募买敌军首级。为了减轻赵贞吉的权力，严嵩在票拟敕书时，只写"特命前去各营宣谕"，而无"督兵"、"督战"字样，致使兵部不给护兵，户部不给车辆，只得单骑出城，租赁民车载运银物，出入万敌之中。

　　赵贞吉虽然忠愤激烈，以天下为己任，但对政局和战局的认识未免过于天真。他提出的"悬赏购首"的计划，在那时是不可能实现的。这在严嵩早已料到。其时敌骑充斥，往来杀掠，而明军分屯各地，畏敌不前，银子发光，首级却未买到。主帅仇鸾还同严嵩沟通，拒绝接受赵贞吉发放的犒军银两。再加上他曾要求皇帝"下罪己诏"，多"肮脏"刺君之语，皇帝也早已记怀在心。结果赵贞吉以"沽名诳君"之罪而遭廷杖九十，贬为广西荔波县典史。但是严嵩对赵贞吉的戏弄并未就此结束。赵贞吉离京赴任之前，严嵩特意接见了他，"温慰至再"，赠予银两，"许之生还"，以示宰相的"大度"和"爱士"。阴一套，阳一套，害人伎俩，运用纯熟。

　　八月二十一日百官集议之后，礼部尚书徐阶又会同朝廷大臣集议，上奏《俺答求贡议》，报告廷臣发兵讨敌的主张。廷臣认为，俺答犯我郊畿，屠杀人民，蹂践土地，今虽称臣求贡，但信使不入、表文不具，而且其文书皆为汉字，真伪难知，因此，"求贡必不可许"，而应派遣官员，"敕谕虏酋"；如果悔罪求贡，"则当敛兵出境，具表款塞，听朝廷处分"；如驻兵境内，要求速赏，则发兵征讨，"使匹马不返，以泄神人之怒"。朝臣们的抗敌主张和激昂情绪增强了皇帝抗战的决心，改变了降战不决的态度。他对徐阶的奏疏批示道："虏酋入犯，神人共愤。如议，集兵剿杀，不可轻信伪书，致堕虏计。"

三 替罪羊

嘉靖皇帝已经十五六年没有上朝视事。现在京师被围，人情汹汹，仍无面见群臣之意。在群臣的奏请下，方于八月二十二日午后，出御奉天殿。百官公服，行五拜三叩头礼。朝拜后，皇帝命礼部尚书、鸿胪司官至午门宣读敕谕，然后起驾回宫。群臣跪听午门之下，不知有何圣谕，皆惴惴不安。皇帝在敕谕中说，俺答入侵京畿，责任全在臣下"不委身任事"，即使他们劝谏皇上御朝理政也是"期怀不忠"，"欺天背主"，"恐吓朕躬"，"非党即奸"；皇上临朝，在"朝堂一坐，亦有何益"？为了显示天威，圣谕宣读之后，立即对"漫不经理"、"坐视不战"等"误事"诸臣加以惩处，命逮捕驻守通州都御史王仪、参将刘锦、巡抚蓟辽都御史王汝孝、蓟州总兵罗希韩等下狱；户部尚书李士翱、兵部侍郎谢兰革职；工部尚书胡松停俸；户部侍郎骆颙、工部侍郎孙裪夺俸五月。他们成为掩饰皇帝及宰相严嵩、主帅仇鸾误国之罪的替罪羔羊。

然而更冤屈的替罪羊还是兵部尚书丁汝夔和兵部侍郎杨守谦。八月二十三日，二人被捕，在午门之外审讯。二十六日，二人以"守备不设"、"失误军机"、"罔上毒民"、"党同坐视"之罪被杀。他们对官军败绩固然负有责任，但绝不是酿成这场兵燹之祸的罪魁祸首。

丁汝夔昏昧怯懦，素不知兵，却被委以兵部重责，坐镇中枢，总理戎务。杨守谦原为保定巡抚，率兵勤王后，升为兵部侍郎、副都御史，协助成国公朱希忠、大将军仇鸾提督内外军务，并亲领京兵团营，驻师城下，守卫京城。俺答破关南入，蹂躏京畿，丁汝夔束手无策，莫知适从。严嵩向其密授机宜，说什么若战败于边境，容易隐瞒败绩；若战败于京郊，则难以掩饰，很快就会传到皇帝耳中，因此"当令诸将勿轻战，虏饱食自去耳"。丁汝夔按照严嵩的旨意，下令诸将惟坚壁防守，不得轻易出战。诸将本来畏敌如虎，得此命令，更加闭营息鼓，皆说兵部尚书"有禁勿战"。于是俺答之兵愈加"大掠无忌"。受害百姓不知此计来自严嵩，便把怨恨集中到丁汝夔的身上。皇帝得到探报，遂生治罪之心。

丁汝夔、杨守谦屯兵不战还招来得宠太监的攻击。原来城外有太监们的田园宅第，这时多被俺答之兵残毁。他们心痛自己的私产，遂环绕皇帝哭泣，告状说，皇上虽屡诏督战，但丁汝夔、杨守谦却"殊不为意"，抗旨不遵，"拥众自全"，"将帅不力，皆为文臣所制"，并诬谤二人有"二心"。皇帝登高眺望，城之西北火光烛天，已对领兵者颇为不满，听了太监们的哭诉，"益愤怒"，以为"不诛二臣，无以惩戒"，乃下诏逮捕二人入狱。

丁、杨之死又与权贵成国公朱希忠、大将军仇鸾的暗算有关。朱希忠以世袭公爵之尊总理京营戎政，但多私占兵卒，致使行伍不足。京城被困后，他唯恐隐占之罪暴露，便将守城京兵不停地往返对调，用以掩饰兵额不足之实。兵士疲惫不堪，怨声载道。但是他们不知道这是朱希忠的阴谋，而以为是丁、杨所为，因此争相怒骂，有"欲鱼肉之"之心。士兵的情绪也被探事太监报闻皇帝。

咸宁侯大将军仇鸾所辖大同边兵骄纵不驯，最无纪律，四出劫掠，"民间苦之甚于虏"。但是仇鸾正蒙宠信，皇帝为之开脱说，仇鸾援兵勤王最早，大同兵"掠食足矜"；仇鸾自己更是"自私其军，不绳以法"，因此大同兵无人敢惹。丁、杨无可奈何，下令对抢掠民财的大同军不准逮捕。大同边兵在村落抢掠时，往往装扮成蒙古朵颜部兵士的样子。俺答此次入犯，朵颜诸部充其向导，故被称为"辽阳叛军"。而丁汝夔下令不准捕治，人们不知内情，又纷纷抨击他庇护"辽阳叛军"。其时仇鸾督率各路勤王边兵屯驻远郊州县，徘徊观望，虚张声势，相持日久，不闻一战，但却谎报战功，声称"击虏酣战"，不能调兵至京城之下击敌。杨守谦所督京兵驻守城下，兵少力单，敌军杀至，不敢一击。仇鸾远避郊野，战绩无从查验；杨守谦近在咫尺，城中"人人见之"，于是仇鸾屡蒙封赏，而杨守谦则大倒其霉，成为刀下之鬼。

刑部侍郎彭黯、都察院都御史屠侨、大理寺少卿沈良才会审丁、杨之案。拟定为斩罪，但判决书写得过于冗长，胥吏需要较长时间才能誊录完毕。皇帝派太监催促，仍不见呈上，于是大怒，斥责彭黯等人拖延庇护，以图幸免，下令将他们廷杖四十，夺俸五级。三法司虽然定其斩刑，但按司法程序需待秋后处决。皇帝急不可待，命令立即行刑。刑科给事中张侃、杜汝桢等抗旨力争，"帝愈怒"，又将他们各杖五十，削官为民。八月二十六日，丁汝夔、杨守谦被斩于市。丁汝夔并枭首示众，不准收葬，妻流放三千里，子充军铁岭卫。

丁、杨身首异处，而当初授意他们"勿轻战，虏饱食自去"的严嵩却依然宠幸如故。丁汝夔被逮后，严嵩唯恐暴露自己，欺骗他说："有我在，必不令公死。"丁汝夔再一次天真地相信了严嵩，认为他有"回天之力"，因此安心等待，未作辩解。直到临刑时才发觉上当，大声呼喊："贼嵩（严嵩）误我！"他醒悟得已为时过晚，留下来的只有无限的悔恨。朝廷刑赏失措，引起人们的怅惘，士大夫哀叹："仕途之险如此，有何宦情？"

俺答看到"城下之盟"无望，遂于八月二十三日开始撤兵，二十五日京城解除戒严。二十八日，俺答人马撤出古北口、张家口之外。仇鸾十万边兵，眼看着满载辎重的敌军北去，莫敢一击，尾随送行，待俺答出关而后还。

俺答自八月十六日入边至二十八日出边，纵横京畿十三天，围困京城五日，"掠杂畜数百万，焚庐舍万区，通计男妇死且掠者盖六十万"，抢夺其他金银财物不可胜计。此难发生在庚戌年（嘉靖二十九年），故史称"庚戌之变"。

这就是严嵩再任首辅后的第一政绩。这就是杀害曾铣、夏言招致的后果。

【第八章】

将相争斗

一 烽烟再起

"庚戌之变"发生，虽然使嘉靖皇帝和首辅严嵩以及朝廷上下受到强烈的刺激，但是庚戌的教训很快就被当政者所遗忘，没过多久，又依然故我，照样地文恬武嬉，北疆战火又燃烧起来。

事变之后，朝廷一度采取了某些"修饬内备，以弭后患"的措施，下诏准备北伐，兵部厉兵秣马，工部打制器械，户部搜刮各省积贮及历年逋赋，以待兴兵，洗雪庚戌之耻；修筑北京南城关厢城墙及永定、左安、右安、广渠、东便、广宁（广安）、西便七门；调整政策，开放马市，缓和军事冲突；协调军事力量，整顿京营。

明代京营主管训练在京官兵。根据兵部所拟《京营兴革六事》，皇帝下诏改组京营，三大营由文武大臣各一人主持，武臣称"总督京营戎政"，事权归一，总领三大营之军，由太保咸宁侯仇鸾担任；文臣称"协理京营戎政"，乃总督之副，由兵部侍郎兼金都御史王邦瑞担任。改组后京营戎政的权力大为增强，兼有了五军都督府和原京营提督的双重权力，而且不仅以一人总督三大营，还统领边镇劲旅，实际上成了京军和边兵的最高统帅。而仇鸾获得这样显赫地位，与严嵩荐举直接有关。自从仇鸾向严氏父子行贿三千金而重握兵柄之后，严嵩便与之更加紧密地勾结起来，以求稳固自己的宰相地位。

俺答看到明朝防卫加强，同时自己在经济和军事上也困难重重，因此在嘉靖二十九年冬、三十年春，屡次派遣义子脱脱和使者叩边进表，要求入贡和互市。

蒙古部落的游牧经济和游牧与军事相结合的社会结构决定了它必须向内

地寻求畜牧业以外的生活必需品。而在一定的历史条件下，贡赐是获得这些物质生活资料的简捷方法，此外还有边关互市贸易。因此在相当的一段历史时期内，武装掠夺与和平贡市交错使用，相互补充，成为蒙古封建割据势力对付明朝廷的基本方针。而如何正确地处理这一复杂的局势，对于明中叶以后日益腐朽的封建统治集团来说是十分困难的。他们往往既狂妄大言闭关，又松懈地不修战备，结果在政治和军事上都一败涂地。只是经历了一个多世纪的战乱痛苦之后，到了隆庆、万历年间由于力量对比的变化和双方政策的转变，北边的战火才停息下来，出现了"输诚效贡"、和平亲睦的新局面。

蒙古可汗及部落酋长遣派使者进京入贡从明初即已开始。入贡一方面是为了表示臣属明朝之意，另一方面是为了以贡品换取明皇的赐品。明皇对周边民族的入贡采取"厚往薄来"、"厚赐薄贡"的方针，因此通过入贡，可以获得超出贡品价值很多的赏赐品。这种贡、赐活动，史家又称"贡赐贸易"，当然它含有很浓的政治意义，而在经济上是不等价的。贡赐虽然成为明朝沉重的财政负担，但比之战争的破坏，代价总要小得多。因此只要双方都谨慎处理，仍可维持和平局面。但是中叶以后，鞑靼不断入犯，朝廷决定关闭关口，拒绝贡赐，欲以此惩罚鞑靼首领的战争掠夺。结果引起鞑靼首领的疯狂报复，以更加残酷的战争回答朝廷的绝贡。于是形成战争—绝贡—战争的恶性循环，这个怪圈一直盘旋至嘉靖年间。

马市是一种经济意义较为充分的边疆贸易活动。在马市上，蒙古、女真等民族居民用马、驼等与内地军民交换绢、布等日用品，官为定值，开价交易，但禁止买卖兵器和铜铁。"土木之变"以后，北部边患日益严重，天顺年间关闭大同马市。至嘉靖"庚戌之变"前后，对瓦剌、鞑靼的马市已经断绝将近一个世纪之久。

经过"庚戌之变"的巨大震动，朝廷统治集团和蒙古俺答都曾一度表现出某种缓和关系、互通马市的意向，出现了明蒙关系实现向和平转变的契机。

嘉靖二十九年十二月，俺答使者至宣府款关求贡。三十年入春以来，俺答又数次派遣使者至宣府、大同各边，请求入贡、互市。为了表示诚意，还特意派其义子脱脱至宣府宁远堡，呼出通事（负责贡使接待和翻译），"攒刀

（将刀聚集在一起）为誓"，赠送好马二匹，留下随员四人作质，送回逃往塞外的明军叛卒。见俺答确有息兵乞和的意愿和行动，皇帝发下圣谕，决定大同镇每年开马市二次，每次马价银十万两，用来购买绢、布等物，以换易关外马匹；再支南京兵部所贮银十万两及各处余银，悉征输京，以备市马之用；宣府、延绥、宁夏三镇亦依大同事例开市。

三十年四月二十五日，大同马市开市。计值取价，秩序井然，共易马两千七百余匹。完市后，放虎剌记等四名人质出边；俺答上呈蒙文表章，进贡谢恩马九匹，并乞再市。烽火狼烟暂熄，友好交易方兴，在边墙墩堡的上空闪现出一线和平之光。

三十年五月，宣府马市开市，共易马两千余匹。三十年七月，决定延绥、宁夏二镇共同在花马池（今宁夏盐池）设立马市，朝廷发银四万两。十二月，花马池马市完，共易马五千余匹。

长期冻结的北边刚刚融化，又被凛冽的寒流重新冰封。大同马市仅开一次，就被关闭，宣府、延绥、宁夏马市也相继关停。个中的原因是复杂而深刻的。

从朝廷方面来说，嘉靖皇帝对开放马市本来就三心二意；执政大臣严嵩、仇鸾等人，素来畏敌怯战，把开市作为权宜之计，以求自己免遭误事之祸，而且仇鸾还暗中与俺答沟通。在朝廷官样文章中，无论是谁都讲战备与开市并举，但实际上开市以后，京、边将帅竞相偃兵息武，放弃战守之备。在政策上，既不能守信输诚，以收感化臣服之效；在军事上，又不能常备不懈，以成制止战争之功。因此互市的破裂是不可避免的。

从俺答方面来说，他虽然急于贡市以满足上层人物的消费需要和解决塞外军民衣食器具的困难，但是无论是外部还是内部都还没有形成足以迫使他放弃战争掠夺的条件和环境。因此，他具有的既要求贡市又肆意抢掠的两面性及长期奉行的以"打"求"贡"、"且犯且求开市"的两面政策实际并未改变。只要所求得不到满足，便会再动干戈，重燃战火，从而导致和好的破裂。

三十年十一月，俺答部众大举入边三次，人畜抢掠甚众。十二月，俺答妹夫卜吉哥在大同大沙沟互市，市毕又袭入边关，掠去所易马匹，并掠夺人口，剥其衣服。三十一年正月，俺答纵众入掠，攻破大同墩堡多处。二月，俺答率众万骑攻大同，进而南下至怀仁县（今属山西），大掠居民。

严嵩看到情势不妙，便施展金蝉脱壳之计，把误国之责推给别人，特别是推给最早提出开市的仇鸾。他一改腔调，大讲"开市乃以招贼"，连续上疏，向皇帝献策停开马市。于是皇帝下诏，关闭大同马市，并命大将军仇鸾率师前往大同剿房。

八九月间，俺答动辄率领二三万骑入掠大同镇卫所及山西大同、怀仁、朔州（今朔县）、应州（今应县）、山阴、马邑等州县，并欲夺关南下。来宣府互市的蒙古部众也开始抢掠。朝廷遂于九月下旬决定，各边马市一律关停，有敢再奏开放马市者处死。

从嘉靖三十年春下诏开市，到三十一年秋下诏全部关停，仅一年多的时间。此后俺答对内地的抢掠战争日益升级。大同、宣府、延绥、宁夏、甘肃、辽东在在告急，战无虚日。蓟州镇尤为攻掠的重点，京师一再戒严，皇帝惊叹："庚戌事又见矣！"从"庚戌之变"至嘉靖末年的十七年间，蓟镇总督换易十人，皆因战事失利而获罪去位，其中王忬、杨选被诛。但是大将们的头颅并未换来边境的安宁。

如何解除"南倭北房"之患是明中叶以后极为重要的国政。谁能实现明蒙关系由战争向和平的战略转变，谁就是历史的俊杰。但是这除了客观环境之外，还需要执政者的主观条件。无论从政治品质，还是政治才能、军事韬略，严嵩都不可能完成这一历史任务。这个难题，只好留给此后的高拱、张居正来解决。

二 联盟破裂

"庚戌之变"之后，兵部尚书丁汝夔和侍郎杨守谦被当作替罪羊杀掉。这次马市失败，又该谁任其咎？嘉靖皇帝依然不会承认自己有什么责任，而首辅严嵩为了保住自己的权势则极力把责任推给大将军仇鸾。在这场将、相争斗中，仇鸾惨败，劈棺戮尸，妻、子俱斩。

仇鸾，字长生，原籍江都（今扬州）。祖父仇钺，为宁夏游击将军。正德五年，安化王朱寘镭叛乱，仇钺一举擒之，因功封为咸宁伯，后又因镇压农民起义，晋封咸宁侯。嘉靖元年，仇鸾袭封祖父咸宁侯爵位。

仇鸾"以卤莽之资，负枭雄之志"，虽贪戾险狠，但剽悍凶猛，故屡受重任。嘉靖十六年挂镇虏将军印镇宁夏；十八年挂左副将军印扈驾南巡；二十三年以平羌将军镇甘肃。二十六年被陕西三边总督曾铣弹劾，逮捕下狱。在狱中，与严嵩父子内外交通，合谋陷害曾铣、夏言。曾、夏被杀，仇鸾无罪而释。二十九年六月，向严嵩父子重金行贿，重新起用，加太子太保，镇守大同。同年八月，"庚戌之变"发生，拜平虏大将军，总督诸路勤王之师。同年九月，授总督京营戎政，加太保，为此送严嵩父子白银二万两。三十年十一月，加太傅兼太子太师。

仇鸾任总督京营戎政之后，深受皇帝宠信。其所上奏疏皆内批执行，每有密语，不交部议；不受兵部和言官的监察，一以己意行之；各镇正、副总兵的人选，皆由其独自拟定，兵部尚书等不得参与，而皇帝每从其意，旨从中下；兵权在握之后，又把最紧要的防卫任务推给他人，而使自己成为不临战阵的统帅。

仇鸾"御寇则束手无策，乱政则矫劫横生"。那么他何以以"庸暴之资"而身居大将之位？史家认为，这是由于当时国家已无"任事之臣"，"缓急一无所恃"，遂使"奸宄之徒"而当此重任。另外，仇鸾对皇帝的献媚也是重要原因。他虽是一员武将，但同样进奉青词，赞助皇帝修仙。

仇鸾不仅桀骜骄横，而且贪货无厌。边将贿之恐后，入以万计；军事部署谬错不经，屡屡败北，因此引起正直的士大夫的普遍不满。但是要真正置其于死地，还需要严嵩父子的力量，尽管他们之间的哄斗属于争权夺利之争。

仇鸾自从在陷害曾铣、夏言的阴谋活动中投靠严嵩以后，对其敬畏如同子之事父。但是由于这种联盟是建立在权力倾轧基础上的，因此没过几年便破裂了。仇鸾不仅佩挂大将军印，虎踞京营戎政府，而且被皇帝选命为西苑侍值大臣，得以直接面见皇帝，预谋军国要事。随着权势的提高，他的野心也在膨胀，企图挤倒严嵩而独揽大权。他常向皇帝秘密进言，揭发严氏父子恃权横行、贪赃受贿之事。皇帝果然被打动，对严嵩的态度骤然变冷，一度不再召其入值西苑议事、撰写玄文。严嵩看到大学士李本、礼部尚书徐阶等奉召入值，便也尾随前往。到了西华门，其他人皆放行而入，唯独将他拒之门外。守门卫士告诉他：没有接到宣召他入值的圣旨，故此不能进入。严嵩怀着沉重的失落感沮丧地退回，与儿子严世蕃相对而泣。为了表示即使在这种情况下，他也是忠于皇帝的，因此虽然不能进西苑侍值，但每日都按时到内阁朝房处理政务。

严嵩绝不甘心被仇鸾击败，他要报复。他不仅在政治经验、党争权术、文化素养上比仇鸾高出一筹，而且经过长期苦心经营，在朝中的基础和势力也比仇鸾雄厚。他很快便与礼部尚书徐阶、锦衣卫都督陆炳结成反仇同盟。在他们的疏通下，皇帝恢复了他侍值西苑的待遇，派遣自己用的龙舟，东渡海子，将严嵩从内阁接回西苑，"入值如初"。

在那样一个战事频仍的年代，严嵩很容易捕捉到军队统帅仇鸾的过失而置其于死地。三十年六月，仇鸾奏请率师出击。其兵力部署一反常规，以软弱无力的京兵、民兵为主力，正面迎敌；而以装备较强、惯经战阵的边兵为偏师，追击零敌。同时提出允许军马啃食百姓田禾及征用民间车辆参战等怪诞之论。严嵩抓住时机，狠狠地参了他一本。徐阶紧跟严嵩之后，也上疏对仇鸾用兵之乖谬提出批评。嘉靖皇帝素来多疑善变，见了严、徐奏章，对仇鸾"疑厌"之心渐生，除敕令边兵迎击敌军大营外，还责备仇鸾说："去岁造完战车，专备御敌，如何又尽取民车，益增骚扰？不必行。"

三十一年正月，仇鸾提出"边饷不足"，要求再发二十六万两银子给宣府、大同二镇，户部尚书孙应奎以此上奏。严嵩驳回其奏，并对仇鸾按兵不动、枉费军饷加以指责。皇帝赞许严嵩的主张，降旨说：边臣应该"视国如家，讲求节省之策，未可任意支费"，宣、大二镇"原有行粮，且所调兵尚未发，何得又议加增？不许"。并命户部、工部清查库银出入账目。这是对仇鸾的又一次当头重击。严嵩正在巧妙地摆脱自己的宠信危机。

为了动摇皇帝对仇鸾的宠爱，严嵩还设法暴露其畏敌不战的真实面目。三十一年正月，俺答屡掠大同。皇帝诏谕兵部："虏非时侵犯，必边臣平日恃和不戒，为虏所窥"，诸将务须"血战立功，有顾望不前者治之"。仇鸾"内不自安"，请求率兵行边，"往正其罪"。皇帝询问严嵩可否准允？严嵩早已识破仇鸾无意出征，此乃"大言自解"，便故意怂恿皇帝批准出战，而且要提出要求，只有"擒斩虏酋，方为上功"，不得以追剿零星敌兵敷衍搪塞。要么献上俺答或其他酋长的人头，要么自认胆怯无能，严嵩为大将军仇鸾摆下一盘难走的棋。皇帝似乎也领悟了其中的奥妙，谕告仇鸾说，"若零贼，无劳卿行"，只需"遣将调兵逐剿"，压力可谓大矣。

三月，仇鸾奉命率兵赴大同剿敌。但刚一交战，便败绩而还。严嵩立即指责他"不战非计"。皇帝"自是亦知鸾（仇鸾）不足恃也"。为了把仇鸾逼至绝境，严嵩又火上浇油，进而提出仇鸾应该深入塞外，加兵胡地，作为朝廷大将，义不容辞，并建议皇帝以御札询之，"视彼意向如何"？五月，兵部奏报，诸边告急，而内外臣工不能忠诚干济，仇鸾主持戎政二年未效，深可愤惜。皇帝批答："内外各官徒事虚言，谁能谋国如家者？"各衙门要"务实修举，如有仍前怠忽误事者，治以军法不宥"。六月，仇鸾请求调发京营军队一万八千人分赴大同、宣府、蓟镇防狄，皇帝颇疑其拥兵自重，欲削其权，遂不准其奏。严嵩的离间之计，一步一步地变成为现实。

三 仇鸾戮尸

自三十一年四月，俺答联兵朵颜三卫，不断侵扰蓟辽。六月又寇蓟州塞，声息甚急。仇鸾本当率军御敌，但因"误服热药"，突然疽（结成块状的毒疮）发背部，不能督师，居京未出。七八月间，俺答、把都儿、打来孙屯兵蓟州近边，谋犯喜峰口、古北口诸塞，军书日至，情势紧急，而此时仇鸾疽疾也日益加剧。但是他又顾恋大将军的职位，舍不得交出将印，便请旨"舆疾（抱病登车）出师"，即带着重病，到前线指挥作战。

八月六日，皇帝问严嵩，主将可不可以由"疾人"担任？真是天赐良机，严嵩喜出望外，回答说："御敌临戎，非身壮力锐，安能取胜？"仇鸾病重，只是听人传言，"未能得知真假，观其屡疏，欲自出边，又似非病重者"。"今若听其舆疾而出，又恐临时误事"。按照严嵩的意见，仇鸾不仅不能再将兵御敌，而且病情真假未明，其情叵测。他的奏对，把皇帝对仇鸾的怀疑又加重几分，于是诏令不准"舆疾出师"。

八月初九，严嵩首先发难。他在密奏中尖锐而明确地提出削减将帅兵权、易将换帅、收回仇鸾将印制诰的主张。接到严嵩密札，皇帝立即降旨，收回仇鸾大将军印信及原颁任命诰敕等敕书；命兵部侍郎蒋应奎暂掌戎政府；升京营游击将军时陈为都督佥事，改户部侍郎孙桧为兵部侍郎兼佥都御史，共同提督军务，出师拒敌。兵部尚书赵锦接到圣旨，当夜驰至仇鸾府第，收回印绥、制敕。

八月初九这一天，严嵩还提出仇鸾由大同调入的五百亲兵"在京城外装作鞑子形状，抢夺民间食用等物"，应该立即采取措施，以防不测。并且指出，仇鸾的家丁亲兵中混有俺答的"真鞑子"四五十人，住在京城之内，扰害居民，为日后罗织仇鸾"勾虏入犯"之罪埋下伏笔。

"一时权贵，转盼凄凉。"收回将印，翦除党羽，等于在政治上宣判了仇鸾的死刑。经此巨大打击，仇鸾悲愤交集，病势急剧加重，时隔两天，八月十二日，一命归西。

仇鸾权被夺了，人死了，但罪名还没有定。这对其政敌严嵩及大学士徐阶、锦衣卫都督陆炳来说，是潜在的严重威胁，因此他们处心积虑地寻找问罪事端。陆炳是锦衣卫首脑，专门为皇帝侦察臣僚们的行迹，加之与仇鸾争权斗宠，因此仇鸾及其左右的一举一动悉在其掌握之中。时义、侯荣、姚江原是仇鸾的亲信家丁，后收为义子，皆因开放马市之功授予锦衣卫指挥等官。兔死狐悲，见仇鸾病危，又被收缴将印，三人便潜出京城，逃奔居庸关、巩华城（在今北京沙河）等处，图谋出塞叛逃，投降俺答。陆炳侦知，命边关官吏将其逮捕，下锦衣卫狱拷讯。三人供出仇鸾前后"通虏纳贿"、"与虏私通要约"等"乱政"情由。

时义、侯荣成为严嵩、陆炳、徐阶在刑法上置仇鸾于死地的法宝。他们将其供词作为仇鸾"结虏合谋"、"引寇入犯"的铁证呈报给皇帝："此二逆素与虏通，今已缉获，于国于民安矣。"皇帝命陆炳会同刑部、都察院、大理寺拟定仇鸾罪名。三法司拟为"谋反"之罪，依据《大明律》，应对其施行"追戮"，即开棺提尸，加以斩首，传示九边。皇帝钦准所拟，降旨行刑："仇鸾背叛朝廷，引寇入犯，大逆不道，神人共愤"，"仍剖棺斩首，枭示九边"。九月初四，皇帝发布诏书，布告仇鸾"谋反"事件。这份《戮逆臣仇鸾诏》即出自严嵩之手。它除了列举仇鸾"背叛朝廷，通虏结好"，"合谋乘衅，志图匪细"等罪外，还着意为皇帝编造了先知先觉的神话和"烛其险诈，伐其逆谋"的圣绩。

严嵩虽然不敢说自己同皇帝一样先知先觉，但自诩对仇鸾也不乏明察秋毫之能。他向皇帝表功说，他很快就发现了仇鸾"为虏而不为国"的阴谋，并与之展开了针锋相对的斗争，因此遭其迫害，全赖皇帝的保护，才保全了老命。当然与他合谋陷害曾铣、夏言的事，是讳莫如深的；即使是推荐他出任京营戎政的事，现在也最好是未曾有过。文过饰非，自欺欺人，是历史上阴谋家的惯用伎俩。在仇鸾事件中，严嵩的确又捞了一笔政治资本，自此皇帝"益信嵩无他"，严嵩"势愈炽，不可向迩矣"。

历史是异常复杂的。为了争权夺利，反面人物之间也可斗得你死我活，酿成无数次的残杀。严嵩、仇鸾一相一将，相互倾轧，而置国家安危于不顾，致使国是日非，每况愈下。

【第九章】

诸贤罹难

一 沈束下狱

"**庚**戌之变"和马市的失败，激起朝野耿直之臣、忠良之士的无比义愤，纷纷追究当政者误国之责，抨击严嵩父子的声浪此起彼伏。严嵩父子则置国家安危于不顾，为了保住自己的权位和贪赃而来的财产，对这些仁人志士施展了极为残暴的报复和迫害。

还是在庚戌事变之前，言路就揭露了严氏父子党同伐异、贪贿纵寇、败坏边防的罪恶行径。嘉靖二十八年五月，给事中沈束因弹劾严嵩而入狱。

沈束，字宗安，浙江会稽人，嘉靖二十三年进士，升礼科给事中。二十八年五月，大同总兵周尚文逝世。周尚文乃一代名将，屡立战功，但因得罪过严嵩，故严嵩挟仇报复，违背恤典，不予其赠爵谥号。"厚死以激生，恤一以劝百"，为了表彰忠勇，激励士气，沈束上疏为之奏请，词连严嵩。严嵩甚恨，对其谗毁中伤，以激起帝怒。皇帝遂下诏将沈束打入诏狱，禁锢了十八年。沈束身陷囹圄，衣食屡绝，仍研读《周易》不辍。妾潘氏寄居京城，纺织供夫馈粥；妻张氏上疏朝廷，请求代夫系狱，感人肺腑。隆庆年间，冤案昭雪。

沈束被逮之次年，即有"庚戌之变"。倘若朝廷赏功罚过，弘扬正气，同仇敌忾，共固边陲，则不至于酿成京畿被屠之祸。

二 徐学诗削官为民

"**庚**戌之变"把朝政的腐败暴露无遗。事变后，再次掀起抨击严氏父子浊乱朝政、奸贪误国的浪潮。

嘉靖二十九年十月，皇帝下诏命群臣陈说制敌之策。刑部郎中徐学诗愤然曰："大奸柄国，乱之本也。乱本不除，能攘外患哉?"徐学诗，浙江绍兴府上虞人，嘉靖二十三年进士，授刑部主事，升郎中。他在奏疏中对严嵩"贪黩无厌"，"酿成虏患"的种种可耻行径作了无情的揭露：严嵩父子"阴险莫测，贪黩无厌"，"苞苴盈门，舟车载道"，接受已被夺职的总兵官李凤鸣白银二千两，将其起用为蓟州镇总兵；接受老废总兵官郭琮三千两，使督漕运；勒索史馆吏胥陈世良等千余两，王府科史盛克相三百两，"网利之密，不遗巨细，前此所未有之贪也"。自九月初旬以来，将贪贿所得资财偷偷运往江西原籍，辎车数十乘，骑车四十乘，潞河楼船十二艘，捆载而归。徐学诗还分析了严嵩父子擅权为非，手法狡黠，故此天下之人"视嵩父子如鬼如蜮，痛心疾首，敢怒不敢言者，诚畏阴中之祸也"。因此要求罢免严嵩父子，别选忠良。

严嵩受宠正笃，皇帝当然不会罢他的官。于是以"乘机报复"的罪名将徐学诗逮入诏狱，削官为民。徐学诗的奏章虽然未被皇帝采纳，但"天下传诵，以为名言"。叶经、谢瑜、陈绍与徐学诗是浙江上虞同乡，皆因弹劾严氏父子而罹祸，故时有"上虞四谏"之称。因抨击严氏父子而享盛名的沈炼、沈束、赵锦也是浙江绍兴府人，故与徐学诗一起又有"越中四谏"之称。

三 沈炼被杀

沈炼，字纯甫，号青霞山人，浙江绍兴人。嘉靖十七年进士。历任溧阳(今属江苏)、荏平（今属山东）、清丰（今属河南）知县，调京师任锦衣卫经历（掌管文书出入）。为人刚直疏狂，嫉恶如仇，忧伤国事，醉酒长啸，高诵《出师表》、《赤壁赋》，怆然泣下。不畏权贵，严嵩之子严世蕃召诸客饮酒，戏谑耍笑，对不胜饮者强灌之。沈炼不平，反灌严世蕃，厉色说：吾代表诸位向你敬酒！

"庚戌之变"后，沈炼上长篇奏疏，声讨严氏父子误国之罪。奏疏指明，"今虏寇之来者，三尺童子皆知严嵩父子之所致也"，因此若想克敌制胜，"必先为天下除奸邪而激忠义"，严嵩父子不除，则"虏贼不足平矣"。奏疏还列举严氏父子"十大罪状"，从贪贿、擅权、结党、妒贤等方面揭露了严氏父子的卑劣行径：严嵩"贪婪之性，疾入膏肓"，国难临头之时，不谋治国安边之策，唯与其子严世蕃广收贿赂，卖官鬻爵，排除异己，武将之官职既然是用金银买来的，"彼何肯奋身却敌，以钱而买死？"文臣之升迁既然靠阿谀行贿而取得，"彼何肯忘己爱民，以私而为公？"文武百官都在思量严嵩父子的爱憎，"而不复知有朝廷之恩威"。

沈炼在奏疏中还对为虎作伥的吏部尚书夏邦谟作了尖锐的讥刺，指出他是严氏父子的"私门之吏"，而非朝廷"公室之臣"。由于主管官吏任免升降的吏部尚书也是"始也因贿而得官，既也因官而得贿"，因此各级官吏竞相效法，致使贪风盛行。当时的官吏都说："内阁、吏部要钱，吾等守清无益。"于是"内外远近，相视成风，廉耻不行"。沈炼请求皇上下诏，对严氏父子及吏部尚书"详议其罪，应诛而诛，应斥而斥"。皇帝命大学士李本票拟圣旨。李本"畏嵩之威"，差人询问严世蕃如何票写。严世蕃乃同严嵩义子赵文华拟票停当，由赵文华"袖入"，递与李本。李本照抄封进。皇帝忠奸不辨，遂以"出位恣肆狂言，排陷大臣，计取直名"之罪，将沈炼杖责数十，流放塞外保安（今河北涿鹿东北）为民。

沈炼携家流放保安之后，继续与严氏父子相抗争。塞外民众素热诚憨直，又深受战乱之苦，因此经常同沈炼一起痛骂严氏父子。沈炼扎结草人三个，一是唐代奸相李林甫，一是宋代奸相秦桧，一是本朝奸相严嵩，经常集聚弟子用箭射之。他有时跃马居庸关口，南向大骂严嵩，然后痛哭而归。他对边帅贻误封疆的种种劣迹依然毫不放过，通过各种方式加以揭露和抨击。

沈炼对祸国殃民的严党势不两立，而对贫苦民众却寄予深切的同情。保安灾荒连年，民不聊生，他倾其所有，买粮煮粥，救济饥民，买地收葬饿殍骸骨；又撰写《化粮施粥劝谕文》，劝说富人出粟赈灾，百姓感其恩德，为之修立生祠。

严嵩父子及党羽对沈炼恨之入骨，施展阴谋，置其于死地。他们把沈炼的名字偷偷地列入"谋反"的白莲教名单中上奏，并说白莲教首领"师事"沈炼，"听其指挥"。皇帝准其所奏，嘉靖三十六年九月，以"谋叛"罪将沈炼斩首于宣府，长子沈襄充军极边，次子沈衮、三子沈褒被活活杖死。

严氏父子败落后，沈氏父子沉冤得到昭雪。隆庆年间，沈炼赠官光禄寺少卿。天启年间，赐沈炼谥号"忠愍"。沈炼之死，博得广泛的同情。明末著名小说家冯梦龙所作《沈小霞相会出师表》生动形象地再现了沈氏父子向严氏父子所作的不屈斗争和严党的残暴、朝政的腐朽。

四 王宗茂贬官

仇鸾追戮以后，政局不仅没有好转，相反严氏父子更加肆无忌惮地卖官鬻爵，招奸弄权，致使"财用已竭，而外患未见其底宁"，"民困已极，而内变日虞其将作"。由是国人纷纷追究严嵩误国殃民之责，其中尤以御史王宗茂、兵部员外郎杨继盛等最为激烈。

王宗茂，字时育，京山（今属湖北）人，嘉靖二十六年进士，授行人，擢升御史。三十一年十月，上疏纠劾严嵩，重点揭露严氏父子贪污纳贿，卖官鬻爵的秽行及其严重后果，列了八大罪状。

罪状之一，论价卖官。吏部每次选授文官，严嵩都要二十个名额，按官阶高低作价出售。例如，七品州判，售白银三百两；六品通判，五百两。兵部每次选授武官，也要名额十余个，按级出卖。例如，指挥售价三百两，都指挥七百两。

罪状之二，操纵吏、兵二部选官之权。负责文官班序、迁升、改调之事的吏部文选郎中万寀，负责武官选授、升调、袭替、功赏之事的兵部武选郎中方祥都是严嵩的党羽，俗有严氏"文管家"、"武管家"之称。二部选官，各持簿记，任严氏父子填发。

罪状之三，金银宝玩不可计数。嘉靖二十八年，严嵩被人弹劾，为掩其贪贿之迹，偷运资财南归。在治装之时，家人请严嵩检点金银器皿，"前列数十桌"，桌上摆满各种珍宝，"不知其数"。据目击者云，金银珐琅美人高二尺五寸，甚至溺器（尿器）也用金银制成。

罪状之四，掠夺土地，窖藏金银。在原籍袁州"膏腴田产，投献地宅，不遑悉数"。又于京师相府之后，别置空室五间，"下凿一丈五尺，旁砌大石，上布坚板"，"内皆珍宝金银器物"。严嵩之私蓄，"可以供诸边数年之需"。

罪状之五，豪奴悍仆横行四方。畜养家奴五百余人，勒索州县，骚扰驿递，即使运河中的国家运粮漕船，"亦且让其先过"。

罪状之六，宴饮极尽奢靡。

罪状之七，"虏子在门前，宰相还要钱"。庚戌之变时，严嵩不仅漫无御敌之策，而且乘时索贿，当时有一首民谣，传遍京师，远达沙漠："虏子在门前，宰相还要钱。"

罪状之八，聚类养恶。收干儿义子三十余人，为之爪牙，助其虐焰。

"八大罪状"造成了"百物虚耗，军民穷困，南征北战，殆无宁岁"的严重恶果。"财"和"兵"是国家赖以长治久安的保障，而严嵩当国，却弄得财尽兵弱。民困则思乱，军困则疲弱，"嗟怨之声，彻于苍旻（苍旻，天）"。

凡内外题奏，需先送通政使司，然后上呈御览。通政使赵文华是严嵩干儿义子，见王宗茂奏疏，急忙密告义父，并扣留数日，以使严嵩有所准备。皇帝以"诬诋辅臣"罪，将王宗茂降职为平阳（今属浙江）县丞。严嵩犹未释怀，借故将王宗茂之父广东布政使王桥罢官。王桥郁愤而卒。隆庆初年，王宗茂昭雪，赠官光禄寺少卿。

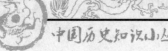

五 杨继盛之死

嘉靖三十二年正月，杨继盛披肝沥胆，痛陈严嵩"十罪"、"五奸"，被祸惨烈。有明一代，直谏之臣以杨继盛为首。

杨继盛，字仲芳，号椒山，北直隶容城（今属河北）人，生于正德十一年。自幼孤苦，日则牧牛荒野，夜则宿于场园，入学以后，仍不废牧。嘉靖二十六年，中进士。三十年，升兵部车驾司员外郎。

杨继盛慷慨任事，有燕赵遗风。马市之议起，因上"十不可、五谬"之说被逮入狱，虽"手指拶（拶，用绳串联木棍五根，套入手指而紧拉的酷刑）折，胫骨夹出"，仍持论侃侃不屈。出狱后贬为陕西临洮府狄道县（今属甘肃）典史。

嘉靖三十一年三月，朝廷关闭大同马市，俺答重燃战火。此时，嘉靖皇帝又想起一年前谏阻开放马市的杨继盛，觉得其言今日皆验，因此下诏升其为山东诸城知县，接着又改升兵部武选司员外郎。

嘉靖三十二年正月十八日，杨继盛抱着"死则为铁脊之鬼，生则为田野之人"的决心，呈上《请诛贼臣疏》。这份奏章在揭露严嵩贪污受贿的同时，重点抨击了他在政治上的"奸险专权"、"误国殃民"，条列其"专政叛君十大罪"及欺蒙皇上的"五奸"。"十大罪"是：一大罪，"坏祖宗之成法"。严嵩"虽无丞相之名，而有丞相之权"，"有丞相之权，又无丞相之责"。二大罪，"窃皇上之大权"。严嵩独专票本（即代皇上票拟圣旨）之任，"遂窃威福之权"，凡朝臣之升降奖罚皆由其票拟。三大罪，"掩皇上之治功"。皇上每有"善政"，必令其子严世蕃向人传言，"皇上初无此意，此事是我议而成之"。四大罪，"纵奸子之僭窃"。严嵩每令其子严世蕃"代票"（代为票拟圣旨），严世蕃又约其父干儿赵文华、鄢懋卿等"群会票拟，结成奸党"。京师官民深恨其父子并专权柄，故有"大丞相、小丞相"之说，又有"此时父子两阁老，他日一家尽狱囚"的歌谣。五大罪，"冒朝廷之军功"。严效忠、严鸽乃严世蕃之子，皆乳臭孩童，却冒贪军功，授予锦衣卫千户官爵。六大罪，"引背逆之奸臣"。接收仇鸾贿银三千两，遂威逼兵部，授其为大将军。七大罪，"误国家之军机"，酿成庚戌之变。八大罪，"专黜陟（黜，罢免；陟，升迁）之大柄"。九大罪，"失天下之人心"。十大罪，"坏天下之风俗"。自严嵩当政以来，有两股歪风邪气盛行，一是"谄谀"之风，一是"贪污"之风，在这两股风气的笼罩下，人妖颠倒，是非混淆，"从古风俗之坏，未有甚于此时者"。而风俗败坏的本源正是严嵩，"嵩先好利，此天下所以皆尚乎贪"；"嵩先好谀，此天下所以皆尚乎谄"。"风俗之隆替，系天下之治乱"，风俗败坏至此，"而欲望天下之治得乎"？

严嵩既然有此"十大罪，昭人耳目"，那么皇上为什么"固若不知者"？这是因为他有五种"奸术"，致使皇上"堕于术中而不觉也"。"五奸"是：一奸，"皇上之左右皆贼嵩之间谍"。以重宝贿结皇上左右太监，因此宫中一言一动，一起一居，"无不报嵩知之"。二奸，"皇上之纳言乃贼嵩之拦路犬"。通政司乃朝廷接纳谏言之所，严嵩令其干儿子赵文华为通政司使，以"阻塞天下之言路"。三奸，"皇上之爪牙乃贼嵩之瓜葛"。令子严世蕃与锦衣卫、东厂官员结为儿女亲家。四奸，"皇上之耳目皆贼嵩之奴仆"。非通贿其门下者，难得御史、给事中之选。五奸，"皇上之臣工多贼嵩之心腹"。"五奸"是"十罪"得以实现的手段，同时又是掩饰"十罪"的伪装。

杨继盛在奏疏中请求皇上，将严嵩治罪，"内贼既去，朝政可清"。朝政既清，"外贼何忧其不除？虏患何忧其不绝乎"？"内贼既去，外贼既除"，天下太平可得而致。

杨继盛为国除害的满腔热忱招来的却是一场杀身之祸。不要说严嵩及其同党，就是嘉靖皇帝也不会放过他。按照那时的政治生活的逻辑，严嵩受宠，因此抨击他就是攻击皇上。而且在奏章中，杨继盛还直接批评了皇上"甘受嵩欺，人言既不见信，虽上天示警，亦不省悟"；"堕于术中而不觉"；宁愿"百万苍生之涂炭"，也不忍心"割一贼臣"等，这岂不是在说，皇帝是一位贤、奸不辨的昏君吗？这位"英察"的帝君，哪能容忍他如此的放肆？！有刚愎自用、宠奸妒贤的皇帝做靠山，严嵩战胜杨继盛就有了保障。

七十三岁的严嵩毕竟是久经战阵的官场老手。对于杨继盛所列事实他虽然无法反驳，但仍能巧妙地找到"把柄"而置其于死地。杨继盛在奏疏中有"皇上或问二王，令其面陈嵩恶"之语，即如果皇上不相信我揭发的事实，可以向裕王、景王询问，请他们向皇上面陈严嵩之罪恶。老谋深算的严嵩，在杨继盛洋洋五千余言的奏本中，一下子就抓住了这句话，作为罗织其罪的法宝。而年轻气盛的杨继盛则"愚憨而取重罪"，恰恰在这朝廷里最为敏感的问题上不会圆通规避。

原来，嘉靖皇帝有八个儿子。其中五个儿子早夭，只剩次子朱载壑、三子朱载垕、四子朱载圳长成。嘉靖十八年，立次子朱载壑为皇太子，封三子为裕王、四子为景王。二十八年太子逝世，按正常次序，三子裕王当继立为皇太子。但是皇帝在二王之间犹豫不决，由此引起二王夺嫡的明争暗斗。同时道士陶仲文又提出"二龙不能相见"之说，即皇上与两位亲王不能见面。皇帝信之，遂令二王居于宫外，莫睹龙颜。这种父子隔绝的状况，也增加了皇帝的猜疑，生怕二王背着他有什么不轨行为。如果杨继盛上书与二王有关，那则为勾结亲王干预朝政，法当斩首；即使无关，严嵩同样可以为其编织罪名，那就是"诈传亲王令旨"，而这在法律上也是死罪。因此只要把"二王"点出，一定能给皇帝以强烈的刺激，勾引出极大的怀疑。

于是严嵩向皇帝指明杨继盛奏本的要害是"引二王为词"。他的目的果然达到。正月二十，奏本上呈两天之后，降下圣旨："这厮因谪官怀怨，撮拾浮言，恣肆渎奏。本内引二王为词，是何主意？着锦衣卫拿送镇抚司，好生打着究问明白来说。"杨继盛被投入监狱打问。

用刑极为残酷，然而杨继盛坚强不屈，"始终为铁脊之汉"。追问"主使之人"，他回答："尽忠在己，岂必待人主使？"又追问为什么引用"二王"之语？他回答："奸臣误国，虽能欺皇上，必不能欺二王"，至亲莫若父子，皇上若问二主，必能相信他们的话。而且严氏父子虐焰熏灼，"非二王，谁不惧嵩者？孰敢言彼之过？"问官一无所获，在拶、敲、夹、棍诸刑俱施之后，钉上肘镣送监。至二十二日，圣旨又下，令锦衣卫再打一百棍，转送刑部狱，从重议罪。

杨继盛在狱中所撰《自著年谱》、《遗嘱》及书信等真实地记录了他在狱中的生活，向人们暴露了在严党控制下的监狱的野蛮、残暴、黑暗，至今读之仍令人战栗、发指。同时也向人们展现了一位封建时代的爱国者为了追求清明政治而与邪恶势不两立，与死神英勇拼搏的可贵品质，至今读之仍令人钦佩。

皇帝令刑部议罪。刑部尚书何鳌乃严嵩门生，侍郎王学益乃严世蕃儿女亲家，遵照严氏父子意旨，拟为"诈传亲王令旨"罪。按《大明律》规定，此罪应处以绞刑。刑部郎中史朝宾刚直持正，力争不可，驳斥说："无其事而附会，以坐人死，人臣阿私而侮三尺（兰尺，指国家法律），岂宜至此乎？"但是何鳌、王学益强行成稿，令其署名签字。史朝宾十分气愤，便在何、王拟定的刑部奏本的末尾签上了自己的意见：杨继盛"心实无他"，伏乞皇上"悯其狂愚"，免其一死，"以全好生之德"。严嵩甚怒。为此史朝宾降官三级，调往外任，人皆称赞他"真男儿也"。

杨继盛虽打入死牢，但泰然自若，读书不辍。身陷囹圄，仍以百姓穷苦为念，上书给内阁次相徐阶，陈述救荒之见。朝审途中，他身戴刑具长板杻镣，"观者如堵，至拥塞不能行"。围观士民无不叹惜泪下，颂之为"天下义士"，而骂严嵩为"老贼"。杨继盛深受感动和鼓舞，吟诗道："风吹枷锁满城香，簇簇争看员外郎。岂愿同声称义士，可怜长板见君王，……性癖生来归视死，此身原自不随杨。"（《杨忠愍公全集》卷三《朝审途中口吟》）

杨继盛死刑判定之后，皇帝命监候待决，并未立即执行。至三十四年五月，总督张经、巡抚李天宠为严嵩义子赵文华诬陷，以"玩寇殃民"之罪定为死刑，关在监狱。严嵩知道，皇帝对军务失律边臣必杀不贷，因此在本年秋审死囚时，便将杨继盛的名字附在张经、李天宠案件的末尾，夹带上奏。皇帝昏然降旨，"依律处决"，立付行刑。

人闻惊骇，惴惴不安。刑部郎中王世贞、兵部主事王遴等为之奔走营救。王世贞拜谒严嵩门生国子监司业梁材，请其仗义救援。梁材慨然应承，面见严嵩，晓以大义，讲明利害。严嵩迫于公论，有所松动，但犹豫不决，表示要卜问神灵，然后决定是否上奏保救。但是党羽大理寺少卿胡植、太仆寺少卿鄢懋卿等则丧心病狂，极力怂恿立即杀之。他们危言耸听，对严嵩说：杨继盛负海内众望，又是徐阶得意门生。徐阶一旦执政，杨继盛出而佐之，"我辈无遗类矣！所谓养虎自遗患也"。严世蕃也施加压力，命诸子跪伏祖父面前，哭泣说："爷如救杨某，则举家皆为继盛鱼肉矣！"严嵩为之色变，遂拒绝保救。

嘉靖三十四年十月二十九日，杨继盛被斩于市。终年四十岁。临刑，他意志磅礴，曼声长啸，口吟千古绝句而亡：

> 浩气还太虚，丹心照万古。
> 生前未了事，留与后人补。
>
> ——《杨忠愍公全集》卷三《临刑诗》

京师内外，士庶上下，皆"称公之忠，痛公之冤"，无不涕泣。人们竞相传录他的劾奸疏及就义诗，致纸为贵。无论严氏集团怎样的恣睢残暴，也无法禁止人们对死难者的深切同情。王世贞、王世懋兄弟及刑部主事徐中行、中书舍人吴国伦、刑部主事宗臣等人为之置棺殓尸，经纪丧事。刑前，兵部主事王遴特与之结为儿女亲家，将女儿许配其子为妻。巡抚艾希淳、御史徐绅、知府赵忻等筹集银两，为其遗孀、遗孤购买田地三百亩。诸公肝胆相许，义气激发，严嵩十分忌恨，先后置之于罪。杨继盛夫人张氏悲愤欲绝，祭悼亡夫，她的祭文抒发了万千士民的共同哀怨，一时传诵。

杨继盛直谏殒首，功在社稷。他的死进一步暴露了严氏父子的凶恶，加深了人们对他们的愤恨。隆庆年间，杨继盛冤案得到昭雪，赠官太常寺少卿，谥号忠愍；应其家乡保定府士民之请，钦准为之立祠，赐名"旌忠"，铸造严嵩父子及仇鸾三人铁像，跪于祠前，任凭人们以椎击之。他生活过的北京、诸城士民也为之建祠凭吊。明清之际，民族矛盾尖锐，他的事迹更加广为传颂。

【第十章】

东南倭患

一 倭患加剧

严嵩当国，多灾多难。北有虏患，南有倭患，岌岌不可终日。倭寇之患贯穿整个明代，尤以严嵩执政期间最为酷烈。

日本古称"倭"，七世纪七十年代（我国唐朝咸亨年间）改称"日本"。元末，日本进入南北朝时期。在南朝征西府及各地封建割据势力的庇护、支持下，日本政客、武士、浪人、流民、海盗、商人大批涌向中国沿海，进行武装走私和野蛮杀掠。中国人民将这些日本海盗愤怒地称为"倭寇"。在元末农民战争中被朱元璋击败的张士诚、方国珍余部有的逃遁海洋，与倭寇相勾结，倭势加重。元明之际，从辽东到广东的漫长海岸，"岛寇倭夷，在在出没"，无岁不受侵掠。

明朝建立后，太祖朱元璋确立了相安共处的对外方针，将日本列为"不征之国"，积极谋求与之建立睦邻关系，同时要求其制止倭寇侵扰。日本南朝征西大将军怀良亲王（后醍醐天皇之子）虽曾表示"称臣入贡"，恢复邦交，但实际上却斩杀明使，纵倭侵华。

面对倭寇的侵扰，为了防范国内奸民与倭寇勾结，明太祖下诏禁止滨海居民及守卫官军"私通海外诸国"、"私下诸番互市"。这就是人们常说的"海禁"政策。因有外患，才有海禁，海禁是由倭寇侵略引起的。随着形势的变化，到了隆庆年间，海禁基本解除。

虽然禁止民间私自出海贸易，但是官方主持的贡舶贸易仍在进行。朝廷在浙江宁波、福建泉州、广东广州设立市舶司，海外诸国凭明廷颁发的"勘合"入贡，准许附载货物，在市舶司和京师会同馆的管理下与中国商民贸易，谓之"互市"。这种贸易史称"贡舶贸易"，或"市舶贸易"、"勘合贸易"。入贡国进献贡品，明廷以赏赐方式抵偿其值。对此明皇坚持"厚往薄来"的方针，进贡"宁物薄而情厚，毋物厚而情薄"；而对进贡国国君及贡使的赏赐则务必丰厚。因此明廷赐品的价值远远超过进贡国的贡品价值，实则是一种重义轻利的不等价交换。除贡品这种特殊商品外，随贡船附载的王室、诸侯、使臣们的货物及船员、商人们的私货也享受种种优惠。朝贡国在"奉朔称臣"的名义下，获得了极大的实际经济利益，因此纷纷要求入贡互市。

日本幕府及各地藩侯并不满足这种优待，而实行亦贡、亦商、亦寇的多元方针。贡使有的抢掠民财，有的持刀行凶，有的殴击地方官吏；倭寇或假称贡使，乘机侵夺，或明火执仗，野蛮杀掠，倭患不断。

至嘉靖年间，倭患明显加剧。特别是嘉靖三十一年以后，东南沿海陷入倭寇侵略的战争状态，一直持续十五六年之久。

三十一年四月，华人海盗首领王直勾结日本倭寇，率众数千登陆，侵犯浙东台州（府城在今临海），攻陷黄岩县城。然后分兵剽掠宁波府象山、定海（今镇海）诸县。这是明代倭乱史上的转折点。此前倭寇主要在近海岛屿及沿海抢掠；此后遂登陆远袭，攻城略地，杀官戮民，焚烧掳掠。山东、南直（今上海、江苏、安徽）、浙江、福建、广东遍受蹂躏，长江下游城乡惨遭血洗，敌锋远达徽州府（府城在今安徽歙县）、宁国府（府城在今安徽宣城）、太平府（府城在今安徽当涂)，陪都南京亦遭围攻。战乱不绝，先后攻破府州县卫所城池上百座，涂炭数千里，杀死军民数十万，房屋庐舍焚为灰烬，兵丁村夫空填沟壑，"闻者兴怜，见者陨涕"。

在明初，倭寇的构成比较简单，主要是日本海盗。至嘉靖年间，成员日趋庞杂。从外部来说，这时西方殖民主义者已经东来，人们出于对他们侵掠活动的痛恨，有时也称其为"倭寇"。从内部来说，这时东南沿海逐渐形成一批与日本海盗、西方殖民主义者相勾结的华人海盗、私商、乡宦、土豪；生活无着的破产农民、无业游民、渔民、盐徒等也大量涌入中外海盗所组织的队伍。这些华人通常也被称为"倭寇"。因此从广义来说，嘉靖年间的"倭寇"乃是以日本海盗、西方殖民主义者及中国海盗首领为核心，以沿海通倭豪门势家为靠山，有逃往海上谋生的下层民众参加的"内奸外寇"相结合的特殊的海上武装侵略集团。

这种外国侵略势力与东南沿海各种叛乱势力相结合而猖狂攻掠中国本土的现象确实是奇特的。这种局面的形成，有极为深刻、复杂的外部和内部的原因。它们主要是：

第一，日本海盗和西方殖民主义者对中国的武装侵略是酿成沿海倭乱的根本原因。他们是倭患的源头，倭寇的主体。由此也就从根本上决定了倭寇的反动性质。

第二，华人海商蜕变为通倭海盗。著名海盗首领李光头、许二、王直、陈思盼、徐海、彭老生、陈东、毛海峰等"皆我华人"。他们之中的许多人原为海上私商，与日本商人、海盗及西方殖民者私相贸易。为了适应海上走私的需要，又组织武装船队，劫掠商船、渔船、兵船。他们见利忘义，背叛国家，进而与日本倭寇相结合，在东南沿海盘踞岛屿，攻城略邑，劫库纵囚，"莫敢谁何"，始而由海商蜕变为海盗，继而又由海盗蜕变成倭寇的组成部分。王直等人甚至诱引、调遣、率领、指挥日本倭寇对东南沿海进行残酷的杀掠，堕落为名副其实的汉奸、倭寇首领。

第三，官豪势要实为包庇窝藏倭寇的"窝主"。中外海盗"咸托官豪庇隐，官府莫敢谁何"。因此当时有"去外夷之盗易，去中国之盗难；去中国之盗易，去中国衣冠之盗难"之说。

第四，贫苦民众逃海从倭。当时确有不少倚海为生的民众和破产农民涌下海洋，从倭为乱。他们虽然是被迫铤而走险，但是与通常所说的农民起义的性质不同。他们的行动背离了国家和民族的利益，实际上充当了外国海盗侵略自己国家的工具。在历史上，并不是所有的劳动者参加的暴力行动都是合理的。它应以国家的民族的根本利益为前提，以对历史发展是否有利为标准。

第五，朝廷的错误决策加剧了倭患的程度。日本海盗和西方殖民者既有疯狂侵略的一面，又有要求同中国通商的一面，"盗"与"商"一身而二任。面对通商与寇掠，合法交易与违禁走私，内奸与外寇相互交织的错综复杂的局势，朝廷应该采取怎样的方针，在统治者内部展开了长达半个世纪的激烈争论，一派主张禁海闭关，以为这是战胜倭寇和杜绝走私的最好办法；另一派则主张"除盗而不除商，禁私贩而通官市"，"来市则予之，来寇则歼之"，一方面对于倭寇和海盗的侵犯严加打击，另一方面对于日本、西欧的正常朝贡和贸易采取开禁方针。从理论上讲，后一种观点显然是正确的，但实践起来却极难把握。尤其是嘉靖中期以后，朝政日趋腐败，那时的最高统治者更不具备将其付诸实施的政治素质和驾驭复杂局势的艺术。他们既未能恰当地处理海禁问题，也未能加强战备、痛击来犯之敌。

第六，贿赂公行，官邪政乱，海防废弛，是倭患久燃不熄的"弊源"。朝政腐败是倭患久久不能平息的症结。地方官吏平日借"平倭"为名，乘机巧索横敛；而一旦倭寇临境，则"怀印而去"，倭寇如入无人之地。而地方官府的腐败，根子又在朝廷，朝中权要重臣及在外封疆大吏竞相贪赃受贿，以"抗倭"为名，搜刮民财，致使下属官吏不仅不能"御寇安民"，反而"殃民致寇"。迫害抗倭将领是朝政腐败的又一突出表现，在南方抗倭战场同北方"抗虏"战场一样，严嵩亦顺我者昌，逆我者亡，破敌建功之士一个接一个地被陷害。朝政腐败还导致海防废弛，军纪败坏，抗战能力低下，当时民间流传着这样的谤语："宁遭倭贼，毋遇官兵，遇倭犹可避，遇兵不得生。"

历史运动是"合力"运动。组成倭寇队伍的各个不同人群带着各自不同的意愿汇集在一起，由此产生出一个总的结果，即倭患。而其中起决定作用的，决定倭患性质的则是"合力"中的主导力量即日本倭寇。

倭寇对中国侵掠长达三百年，发生在嘉靖年间的大规模的侵夺战争亦历时十五六年，是中国古代历史上所仅见的重大沿海边患，给社会造成了严重的破坏。遭受他们野蛮屠戮的东南沿海一带，正是我国资本主义萌芽的发祥地，当时中国商品经济最发达的区域。经过他们的践踏，曩昔繁华富庶之区遍地狼藉，惨不忍睹，"焦土遍江村，满道豺狼迹，谁家鸡犬存"，"凡吴越所经村落市井，昔称人物阜繁、积聚殷富者半为丘墟，暴骨如莽"。史籍关于倭寇兽行的记录，至今读之仍令人愤慨不已。

中华民族素有优良的爱国主义传统。尽管朝廷腐败无能，尽管出现了王直等民族败类，但广大农民、手工业者、商人和爱国将士、士大夫仍然向倭寇

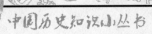

进行了艰苦卓绝的抗战。"犁锄之民挺身与死而胜"，"乡村之人，手执农器，亦能杀截贼船；男妇上屋，徒手掷瓦，亦能驱走强寇"。抗倭名将朱纨、张经、戚继光、俞大猷等人的光辉战绩更是口碑传颂，永垂史册。

　　了解了这样的历史环境，再来评说首辅严嵩在倭患方面的功过就比较容易了。他执政期间，恰是倭寇最猖獗的时期，因此有不可推卸的加剧祸乱的历史责任。

二　巡抚朱纨之死

朝廷迫害抗倭名将朱纨至死，等于"撤机阱以纵虎，自贻祸患"，致使倭寇肆虐，不可遏止。

朱纨，字子纯，长洲（今苏州）人，正德十六年进士，历任景州（今河北景县）知州、南京刑部员外郎、四川兵备副使、广东布政使、南赣巡抚。嘉靖二十六年七月，因倭患日炽，朝廷命其提督浙闽海防军务、巡抚浙江，并敕令"严禁泛海通番"。朱纨清正刚直，勇于任事。到任后，革渡船，严保甲，搜捕奸民，加强海防，追歼倭寇，并将通倭官豪势家的姓名上报朝廷，闽浙沿海倭患迅速平缓。

葡萄牙殖民主义者与日本倭寇、中国海盗相勾结侵掠福建、浙江沿海。嘉靖二十六年冬抢掠福建漳州；二十七年夏，抢掠浙江宁波府双屿港、福建漳州府月港（龙海）、福建泉州府浯屿（金门），朱纨皆率部予以痛击。二十八年春，倭寇又抢掠漳州府诏安，朱纨击败之，捕获通倭、通佛郎机（即葡萄牙）华人海盗李光头（自号"千总"）等九十六人。朱纨措施严厉，将九十六人全部就地斩首。

朱纨的举动引起闽浙通倭豪门巨室的激烈反对。他们在朝中的政治代表纷起而攻之，曲意诋诬，为之罗织"擅专刑戮"之罪。皇帝原已授其"便宜行事"之权，此时却下诏逮捕他，并将其部将都指挥佥事卢镗、海道副使柯乔判为死罪。朱纨愤懑不平，饮药自尽，时在嘉靖二十九年七月。

朱纨死得实在冤屈。不仅闽浙通倭乡宦的政治代表以攻为守，以是为非，务致其罪；而且严嵩还通过义子通政使赵文华插手其间，卒成罪案。因此他不仅是通倭势力的死敌，而且是朝廷党争的牺牲品。

朱纨被害一方面反映了对倭寇侵掠抵抗与妥协两派力量的激烈斗争，另一方面也是嘉靖皇帝和严嵩打击夏言势力总体部署的一部分（夏言被害之事见本书第六章）。早在嘉靖八年，夏言为兵科都给事中，鉴于倭寇杀掠，建议在浙江设立巡视大臣，由于辅臣张璁反对，所议搁置不行。至二十六年，御史杨九泽又提议在浙江设立提督，此时夏言在朝为相，遂票旨提升朱纨为浙江巡抚，提督浙闽军务。朱纨的任命敕文乃夏言"手自窜削，委任颇重"，其抗倭斗争得到了夏言的支持。二十七年正月，夏言罢官；三月，曾铣被杀；四月，夏言入狱；七月，朱纨由巡抚降为巡视，削杀实权，皇帝在诏谕中斥责夏言"纷更政体"，"无故添设"浙江巡抚之职。十月，夏言被杀。次年春，朱纨上疏提出六项方略，语多激愤，刺向严嵩。四月，朱纨罢官。二十九年七月，下诏逮治朱纨。朱纨对严氏父子一再残害朝中大臣和边关将领异常愤慨，坚定地表示，"吾视死如归耳。倘朝议有不测，便当自决耳，肯学曾铣为少年（暗指严世蕃）簸弄，直至西市了当乎？"（曾铣被害之事见本书第六章）于是服断肠草自尽。至此，夏言所支持的北抗房、南抗倭的两员大将曾铣、朱纨皆被杀害。真是栋梁自伐，长城自毁。

严嵩、赵文华对朱纨的陷害处心积虑。严嵩曾授意兵部侍郎詹荣构陷朱纨，詹荣正在犹豫之间，御史周亮等捷足先登，劾奏朱纨"擅杀乖方"，朝廷遂下令逮讯，并拟柯乔、卢镗死罪。赵文华曾对朱纨诱之以官爵，胁之以祸害，要求他改变抗倭方针，他断然拒绝，赵文华便与刑部尚书屠侨、应天巡抚屠大山内外交煽，嗾使御史陈九德弹劾其"残横专擅"，"欲置之死"。赵文华乃严嵩义子，原籍宁波，与通倭巨室势家相互勾结，因此对朱纨亟欲去之而后快。

对于可能发生的悲剧结局，朱纨早已料到。他经常义愤地讲："治海中之寇不难，而难于治窝引接济之寇；治窝引接济之寇不难，而难于治豪侠把持之寇。""去外夷之盗易，去中国之盗难；去中国之盗易，去中国衣冠之盗难。""事未举而谤先行，效未见而肘先掣"，"利于此必不利于彼，善于始必不善于终"，"奉公法必见怒于私党，犯私怒必难逃乎公案"，"随俗则有利而无害，犯法亦远害而近利”，“不死盗贼之手，必死笔舌之锋”，“此中华何等地耶”！那是一个“世道日非，邪党伤正”的时代，正人立功甚难，小人谗潜无忌；清廉敢任者怨诽纷纷，贪墨阿谀者辄得美誉。朱纨用饮鸩自尽向腐朽的朝政表示了强烈的抗议。

朱纨死后，朝廷下令“宽海禁”，撤销备倭巡抚，解除闽浙沿海军事防务，卫所、战船“尽遣散之”，军伍尽耗。自此朝廷内外“摇手不敢言海禁事”，于是“华夷群盗唾手肆起，益无忌惮”，“海寇大作，荼毒东南者十余年”。葡萄牙殖民者的武装舰队也更加猖狂，纵横海上，强行租赁澳门。所谓“宽海禁”，实际就是放弃一切防卫和制裁，任倭自由抢掠，遂致“贼复猖獗”。

倭患骤然加剧的严酷事实宣告了严嵩不抵抗政策的破产。朝中主战派官员纷纷要求恢复浙江巡抚之职。嘉靖三十二年三月，朝廷迫于形势不得不命金都御史王忬提督军务巡抚浙江兼管福建福（福州）、兴（兴化）、泉（泉州）、漳（漳州）等地方，充任朱纨原来所任之职。这等于说，朱纨是正确的，对他的惩治是错误的。

三 总督张经之死

张经，福州府侯官人，正德十二年进士，嘉靖十六年升兵部侍郎总督两广军务，三十二年升南京兵部尚书。三十三年五月，倭寇猖獗，逼近南京，朝廷决定设置总督大臣，加重事权，统兵征剿；并调两广"狼土兵"（少数民族军兵）及永顺、保靖（皆在今湖南西部）等宣慰司兵至东南参战。因张经曾总督两广，威名远振，为"狼兵"所拥戴，故众推其出任总督之职。皇帝宣诏，命张经以兵部尚书兼都察院副都御史总督南直隶、浙江、山东、两广、福建、湖广（今湖北、湖南）等处军务，一应兵食俱听便宜处分；临阵不用命者，武官都指挥以下，文官五品以下，许以军法从事。其时，张经"节制当天下之半"，事权雄重；又慷慨自负，锐意建功，朝廷内外欢欣鼓舞，"皆谓贼旦夕尽矣"。

倭寇二万余人屯聚松江府柘林、川沙洼（今属上海市），"纵横肆掠，周围数百里间，焚屠殆遍，水陆兵无敢近者"。张经选将练兵，为捣巢之计。三十四年三月，广西田州（今广西田阳）土官妇瓦氏（土知府岑猛儿媳）及东兰、南丹、那地、归顺、思恩等州"狼土兵"六千余名先后调至。张经将其分隶于总兵俞大猷、游击将军邹继芳、参将汤克宽，三面犄角，对柘林、川沙洼之敌形成分割包围之势，待湘西永顺、保靖兵至，即集中兵力，合兵进剿，务求全歼。

三月底，钦差赵文华来至松江。赵文华，原籍浙江绍兴府慈溪，嘉兴望族项氏招为赘婿，文才出众，狡狯放荡，为官后，拜严嵩为义父，又与严世蕃结为儿女姻亲，人谓奴颜婢膝之最。严嵩欲控制联结皇上与群臣之间的桥梁通政司，遂荐其为通政使，百般庇护。赵文华还投嘉靖皇帝修仙之好，进献"百花仙酒"，谄媚邀宠。三十三年四月，升任工部侍郎仍掌通政司事。次年二月，上疏建议朝廷派遣大臣赴江南祭祀海神，督视诸军。所提"祭海"是为了迎合皇帝信神修仙的心理，企图用依靠"神功"、"神德"消灭倭寇、肃清海宇的谎言骗得皇帝的宠爱；而"督军"则是为了借机把持江南军政大权，并借以搜取财货。严嵩当然希望义子荣任钦差，便保举他祭海视师，皇帝依照严嵩所荐，命赵文华前往江浙。赵文华乃纨绔子弟，胸无韬略，素不知兵，对其巡海期间的骄淫及所造成的后果，史家作了这样的评述：所至恣肆威福，地方官员无不望风震慑，奔走供奉恐后，"公私财贿，填入其室，江南为之困敝焉；至于牵制兵机，颠倒功罪，以致纪律大乱，战士解体，虽征兵半天下，而贼势益盛，皆嵩（严嵩）引用匪人之罪也"。

张经持重待机，认为屯聚柘林、川沙洼之敌不仅人数众多，而且狡诈多端；而我征召之兵只有"狼兵"先至，他们虽然勇猛，但缺乏实战经验，万一失利，则折损军威，不可收拾，因此应该等待保靖、永顺土兵到来，"合力夹攻，庶保万全"。但是赵文华轻狂躁进，一再督催张经发兵进剿。二人不仅在战略、战术上各持己见，而且相互藐视。赵文华以为自己是皇命钦差、宰相义子，遂对张经颐指气使，傲慢凌辱。而张经则以自己是七省总督，位出其上，并未把这位三品侍郎放在眼里。而且其来江南"察视贼情"，按理并无指挥军队作战之权，因此张经终守"便宜行事"之皇命，不听摆布，同时又恐其轻佻浅薄，泄漏军机，有关作战部署亦"不轻与言"。

整倒张经而夺其权是赵文华的既定目标。刚到江南，即一再致函严嵩，对张经横加诋诬，说其"治兵无法，畏贼如虎，求其挺身以毕此事，恐不可得也"。他还荒谬地说，张经虽然有资历，有威望，有廉名，但这样的人只适宜"端范镇俗"，作道德表率；担任总督，统兵征战，则未免拘谨误事，因此应该撤掉他，而由倜傥非常之人替代。接着，赵文华又密疏朝廷，论劾张经，诬奏其"犹豫不决"，"一兵不发"，致使倭兵"越境长驱"。同时指使御史胡宗宪与之呼应，亦上疏弹劾张经"玩寇殃民"，真乃"罪之魁者也"，因此"恳乞究治"。

五月中旬，赵文华、胡宗宪之疏送至朝廷。皇帝征询首辅严嵩的意见，严嵩对于赵文华夺功害人的阴谋极力给予支持，按照赵文华、胡宗宪的调子回答皇上："张经不肯出兵剿贼"，"一矢不发"，致使敌兵"愈益猖獗"；张经"迟疑不进"，"言之可恨"；张经屡失机宜，"人心愤怨，难以复留"，因此张经与汤克宽"俱当拿问"，"逮京鞫讯"；俞大猷革职。

皇帝听信严嵩之言，立即命其拟旨。圣旨云："日久不行进剿，贼愈猖獗，张经屡失机宜，好生有负委任，着锦衣卫，便差的当官校去，并汤克宽都扭解来京问。总督事务着周琉代管，员缺即日推堪任的来看。"

就在赵文华诬陷张经的密疏发出的同时，永顺、保靖土兵开到东南前线，张经立即组织对敌发起围攻。四月底，参将卢镗、参将汤克宽、总兵俞大猷及各路少数民族军队将四千余倭寇包围于王江泾（浙江嘉兴西北重镇），水陆并进，包剿合击，一战而胜。倭兵被杀一千九百余人，溺水焚烧毙命者不可胜计，余者不及数百，奔归柘林老巢。张经指挥的王江泾之战，乃抗倭第一大捷，"自有倭患以来，东南用兵未有得志者，此其第一功云"。

当时受交通、通讯条件的限制，江南与朝廷之间的信息传递颇费时日。王江泾之捷虽在四月底，但赵文华、张经报至朝廷，已分别是五月十七日、二十日。而此前朝廷已经根据赵文华的密奏，发出了逮捕张经的诏令。于是兵科都给事中李用敬等纷纷上疏保救，提出今获大捷，正倭奴夺气，我兵激奋之时，应乘胜追击，而不宜以功为罪，逮治统帅，贻误战机。皇帝大怒，斥责李用敬等"枉法怨上，罪不可贷"，命将营救张经的言官各杖五十，削官为民。

嘉靖皇帝虽然偏听偏信，但却绝不允许被别人控制。当他冷静一想，也觉得赵文华的密奏和捷报有些蹊跷，便向严嵩察询。严嵩极力诋诬张经而庇护赵文华，说什么"张经养寇损威，殃民糜饷，不逮问无以正法"，赵文华愤不能平，与御史胡宗宪合谋督兵追贼，"文华委系舍身为国"，"宗宪勇敢有胆略"，"以致获捷"。因此张经应该逮问，而赵文华、胡宗宪则应升赏。皇帝疑云消散，赐赵文华大红金彩锦鸡纱衣一袭，银六十两；胡宗宪银三十两，彩缎二表里。

　　五月底，赵文华又参劾新任总督周琉及总兵白泫、巡抚董邦政等"治兵无法"，"纵寇丧师"，而推荐亲信胡宗宪"才智异常，安危可寄，宜亟付以大任"。并致书义父，请在朝中鼎助。严嵩随即按其意见上奏，极力推荐赵文华、胡宗宪"肯出力干事，或可代任"。父子一唱一和，果然法力无穷，东南将帅不合己意者一个一个地被整掉。六月，总督周琉、巡抚李天宠罢官为民；升南京户部侍郎杨宜为总督，巡按御史胡宗宪为浙江巡抚。同月，赵文华由"巡视"晋升为"督察"，命礼部铸造督察军务关防，驰至军前颁发，自此位出总督之上，"益恣行无忌"。

　　同年七月，张经、汤克宽逮捕至京，诏下法司议罪。张经上疏自辩，讲明王江泾大捷，乃其"日夜苦心，审几虑胜，岂有一毫怠事之念哉"？而且其"莅任方半年，前后俘斩敌寇且以五千计"。冤狱是封建政治的附属物。张经所言尽管是事实，但并未能改变嘉靖皇帝和严嵩宰相必欲杀之的决心，结果他及汤克宽皆被判为死刑。同月，浙江巡抚李天宠也因胡宗宪劾其"纵寇殃民"而定为死罪。

　　该年十月，张经、李天宠被斩于京城刑场。满腔爱国豪情和赫赫战功换来的又是斩首。自此赵文华淫威大张，文武将吏"争输货其门"，以求庇护；同时，由于功罪颠倒，牵制兵机，遂使"将吏人人解体"，"倭势愈炽"。然而人心是不可亵渎的，张经冤案使"天下恶嵩（严嵩）父子及文华益甚"。

　　抵御外侮无策，杀害忠良有方。国家栋梁屡遭摧折是嘉靖朝内忧外患难以摆脱的一个重要原因。

四 给事中杨允绳之死

倭寇"破邑杀官，猖獗日甚"，侵犯南京，直逼城下。有识之士纷纷上言，陈述救时之计。嘉靖三十四年九月，户科左给事中杨允绳上疏，指出"将习不振，而弊源不革"是倭患不息的根源，矛头直指赵文华和严嵩。

"将习不振"是指军政败坏。为将之道有三，曰制，曰法，曰谋，"江南诸将全不知此"，故其用兵"聚如儿戏，涣若搏沙"。当政者只知增兵益饷，"其意不过张贼声势，缓己罪怨"。因此今日江南之事，必先择将，提高将帅和兵士的素质，而不应"日事征兵，虚糜粮饷"。

"弊源不革"是指朝廷腐败。在外文官吏殃民致寇的根子在朝廷，严嵩等在京权要是祸乱经久不息的"根极弊源"。因此阁部大臣"洗心涤虑，正己奉公"，"弘济时艰，共纾民难"乃是"端本澄源，平倭之要道"。

杨允绳所言，"指嵩（严嵩）相也"，严嵩恨之。三个月后，他又弹劾严嵩门客光禄寺丞胡膏虚增物价至数百两，应治其侵冒之罪。胡膏在严嵩指使下，反诬杨允绳讥讪皇帝修仙，以激帝怒。他说，所购之物原为皇帝醮斋供神之用，修仙之典隆重，所用品物需要精选不能徒取充数；而杨允绳却说斋事之用"何必精择"，实为欺谤皇帝修仙。皇帝览疏，果然大怒，诏逮杨允绳入狱，后又拟定为绞罪，入狱禁锢。嘉靖三十九年十月，杨允绳在死牢已经关押五载，严嵩以"天变示警"为由，促请皇帝下诏行刑，遂绞于西市。隆庆初年，杨允绳冤狱昭雪，赐光禄寺少卿，天启年间谥"忠恪"。

杨允绳，字翼少，松江华亭人，嘉靖二十三年进士。为人清贞方亮，曾自言："我目如电，能开不能阖；口如决涛，能吐不能吞。"这样的直言勇谏之士自然不会见容于嘉靖皇帝和严嵩宰相。

五 吏部尚书李默之死

张经被逮以后，江南官军涣散，倭势益盛。三十四年九月，柘林倭寇三百余人进据陶宅港（今属上海市）。赵文华幻想取胜自饰，倾浙江兵精锐四千，由其与胡宗宪亲自将领，又命巡抚曹邦辅率领南直隶兵会剿，四面围攻，东西并进，但却被倭兵打得落花流水，全军溃败，伤亡惨重。至此，赵文华始知平倭并非易事，遂有回京之意。十一月，川兵破倭于周浦，俞大猷又取得海上之捷，赵文华借机谎奏军情，诳言"水陆成功，江南清晏"，请求还朝。皇帝闻听倭寇平息，自是高兴，便准其所请。而当时的实际情况却是，从海上返回的旧倭依然屯聚浦东、川沙及嘉定高桥等处；新倭又成群结队地陆续到来，江浙地区损兵折将，羽书沓至。但赵文华却以倭寇平息奏闻，"其欺诞若此"。

嘉靖三十五年正月，赵文华回到北京。当天，严嵩即向皇帝禀报，帮助赵文华弥缝谎言，说什么"零贼不多"，"计日可平"。严嵩、赵文华虽然权势熏灼，但仍有正直言官不断揭露其骗局，加之警报频传，不仅增添了皇帝的忧虑，而且引起对赵文华的怀疑，恐其所说"零寇将灭"不实。为此，再召首辅严嵩查问，严嵩不顾事实，为赵文华辩护说，倭患之所以炽烈，皆因地方官员"寡谋失律"，而不是赵文华"欺诳"。但是皇帝的怀疑并未消释，仍要追查。赵文华十分恐惧，与义父一起谋划出一条围魏救赵之计。吏部尚书李默成为这条计策的牺牲品。

李默博雅有才，崇尚气节，柄掌铨政，持正不阿。严嵩当朝，擅揽官员选任升降之权，而李默不肯依附，每持己见，严嵩恨之。皇帝又命其入值西内，赐居值庐，准许苑中乘马，进太子少保，大有入阁之势，严嵩益加忌妒。赵文华督师还京，公卿多被凌侮，无人敢抗，唯独李默"以盛气折之"。其时适值兵部尚书位缺，赵文华自谓唾手可得。一日前来拜会李默，营求此职，李默只是微笑而不答。赵文华恼羞成怒，严世蕃也愤愤地说："即不与兵书（兵部尚书），何可笑也？"李默气折赵文华之后，推荐许论当了兵部尚书。赵文华、严嵩一再提议以其所厚胡宗宪代替杨宜为总督，而李默却推荐了王诰。由此积怨更深。严氏父子及赵文华早就在伺机报复，现在为了把皇帝的愤怒转移到李默的身上，而使自己金蝉脱壳，便对其横加诬陷。

赵文华熟知皇帝性喜臣下告密，便于三十五年二月为李默捏造了"诽谤"皇上以及报复自己、用人不当，以致"倭患复炽"，"东南涂炭"的罪名。李默主持科举会试时，所出策问试题中有汉武帝、唐宪宗"以英睿而兴盛业"，但"晚节乃为任用非人所败"等语。赵文华以此为据，参劾他以古射今，"谤讪"皇上。除此又诡言诬奏，李默乃张经同乡，对赵文华劾逮张经怀恨在心，思为报复；地方之事大坏，皆因吏部用人不当，李默"不思奉公忧国，乃怀奸自恣，敢于非上如此，臣诚不胜愤愤"。

赵文华这着果然灵验。皇帝大怒，立即命礼部及三法司议拟李默之罪。礼部尚书王用宾执笔拟写处置意见，心知其冤，不欲深诋，稍从宽容。皇帝斥责诸臣"党护"，王用宾等各降俸三级，而命将李默逮入镇抚司狱拷讯，再议罪名。《大明律》中只有"子骂父者绞"的律条而无"臣骂君"之律，因此刑部尚书何鳌便比拟"子骂父"者之律将李默定为绞刑。皇帝对此手批道："律不著臣詈君父，谓必无也。今有之，其加等，处斩，锢于狱。"就是说，法律条文中之所以没有规定"臣骂君父"之罪，是因为考虑到不会发生这样的事情，现在既然发生了，就要治罪，而且要比"子骂父"者加重一等，定为斩刑（死刑分"绞"和"斩"二等，"斩"为重），下狱候决。李默遂按钦命定案，瘐死（使犯人在监狱中因饥寒疾病而死）狱中。

李默被害，皇帝恢复了对赵文华的宠爱，宣谕吏、兵二部："人臣都不尽忠，文华非告密者"，遂升其为工部尚书，加太子太保。严嵩又推荐其有文学之才，宜入阁辅政，供制青词，皇帝未允。接着，诏令杨宜削职为民，曹邦辅逮问戍边，胡宗宪升任总督。

害死李默为严嵩进一步控制吏部、排除政敌扫清了道路。其时严氏父子及赵文华"专恣贪婪，政以贿成"，"士论恶此三人已甚"。严嵩恐生事变，遂极力"锄排异己，以慑众志"。李默被逮后，大学士李本代管吏部。李本秉承严氏意旨，借该年三月京察考核官员之机，对异己势力大加清洗。他将两京府部院寺及地方总督、巡抚等大臣分为三等，严氏私党皆列为上等，予以升迁；严氏所厌恶者皆列为下等，或降职，或罢免。同时又对两京科道言官进行考察，三十八名御史、给事中被罢黜降调；其余御史各杖四十留用。经此京察，凡是不依附严氏及赵文华所不喜欢的人，"一切驱斥无遗，故公论为之不平"。

严嵩对吏部的控制加速了吏治的腐败。京察完毕，李本解除吏部事务，吴鹏、欧阳必进相继出任吏部尚书。二人皆卑劣垢浊，徒拥虚位，凡朝廷及地方要职，皆按严嵩意旨选授，不敢牴牾，"吏部之权尽失"，甚至公开为严氏父子开设骗局，遂致"公道淤塞，中外困敝"，官邪赂彰，"分宜（严嵩）之门鬻爵如市矣"。

六 诱斩王直

胡宗宪虽然阿附权贵，排陷异己，侵吞军费，淫糜奢侈，但才智超群，胆略过人，对东南抗倭作出过某些贡献，主要表现在招降王直上。

王直，原籍南直隶徽州府歙县人，趁海禁尚弛，南奔广东，制造巨舰，装载违禁货物前往日本及南洋诸国走私贸易，并居住于日本平户，暴发为海上巨富。为了称雄海洋，又招集亡命，勾结倭寇，组织武装，逐渐由海上私商蜕变为与倭寇结合的海盗首领。接着吞并、收领其他海盗队伍，成为海上霸主，即使日本倭寇船舰也要悬挂其旗号，方敢海上行驶。他以日本萨摩洲之松浦津为根据地，僭称为"京"，自称"徽王"，绯袍玉带，金顶黄伞，三十六岛之夷皆听其指使。王直不时诱引、调遣、指挥倭寇对明朝疯狂发动侵略，倭寇大规模登陆，屠城掠邑，实自王直始。他实际上已经倭化，甚至以日本藩王的名义遣使同明朝交涉，堕落为背叛祖国的汉奸、名副其实的倭寇首领。

嘉靖三十四年九月，巡抚胡宗宪提议派遣使臣"诏谕日本国王禁戢岛夷"，并"招还通番商犯，许立功免罪"。朝廷准允后，便选派宁波生员蒋洲、陈可愿前往日本。三十五年四月，陈可愿归国。据其禀报，在日本遇见王直及其同伙王澂，他们表示"诚令中国贷其前罪，得通贡互市，愿杀贼自效"。总督胡宗宪颇有对之施行招抚之意，乃将以上情形上奏朝廷，请求裁决。兵部认为，他们声称倭兵不来入犯，似乎难保；王直等人本我编民，既然表示愿意效顺立功，但却不提解散军队、投诚归正；王直等人本我华人，但却要求开市通贡，好像是外国首领，因此"其奸未易量也"。宜令胡宗宪等振扬威武，严加防备；同时晓谕王直等，使之剿除舟山等处倭巢，以明诚信，如果沿海清平，朝廷自有非常之赏；至于互市通贡，待蒋洲回国，"夷情保无他变，然后议之"。皇帝批准兵部之议。

三十六年八月，蒋洲出使日本回国。经其在日谋求"禁战"，日本山口、丰后等岛诸侯表示愿与中国通好，并遣使奉献方物，送还被掳华人。根据这些情况，胡宗宪上疏提出："量犒其使，以礼遣回"；转谕日本国王，钤制倭寇，遣送勾倭华人，"始见忠款，方许请贡"。

胡宗宪与王直同乡，习知其性，设计招其投降。将其母及妻、子接至杭州，优礼厚待。然后再派蒋洲携带大量金银珠宝及王直家信前往招降，向其许诺，若归顺投诚，"悉释前罪不问"，封官都督，且宽海禁，与日本互市。其时徐海、陈东部已被歼灭，王直孤立无援；日本诸岛，对之"亦各生疑贰"；而且又接受了胡宗宪的重贿，以为自己兵力强盛，"中国决不敢害己，或可侥幸如意"，遂表示接受招抚，率众驾舟前来。日本山口、丰后等岛酋长也派使臣驾巨舟随王直同来互市。九月底，王直"其党数千人"到达浙江沿海，停泊于舟山岑港。

东南长期遭受倭寇杀掠，骤闻王直率队而至，官民唯恐有诈，惊慌异常，谓胡宗宪将酿东南大祸。胡宗宪不得不集兵设伏，严为之防。王直发现情势可疑，乃先派其头领王滶登陆拜见胡宗宪。王滶责问："吾等奉招而来，将以息兵安邦，本应信使远迎而宴犒也；今兵陈俨然，即贩蔬小舟无一近岛者，公其害我乎？"胡宗宪曲为解释，并留住宾馆款待。王直仍疑畏不解，提出只有放还王滶并由一名朝廷命官作质，方肯登陆入见。胡宗宪答应了他的要求。王直乃与头领叶宗满、王清溪等来杭州拜谒胡总督。胡宗宪待之以礼"而羁留之"，命浙江布政司等衙门轮番宴请，每日纵饮青楼；出入皆乘金碧轿舆，"居诸司之首，无少逊避，自以为荣"。胡宗宪还特意安排他观看阅兵仪式，盛陈军容，"以阴慑其心"。王直实际上被软禁了起来。

胡宗宪将王直登陆乞降情形飞报朝廷。他本想招抚王直，免他一死。但是他知道，如果抚局失败，他将步朱纨、张经、李天宠之后尘，招致杀身之祸，因此必须有一个可进可退、保全自己的万全之计。于是他在奏疏中提出两种处置方案，一是将王直诛斩，以正国法；一是免其死罪，罚充沿海戍卒，"用系番夷之心，俾经营自赎"。

果然，"曲贷王直之死"的方案遭到人们激烈反对。胡宗宪恐惧，派人火速追至中途，将奏章截回，"尽易其词"。修改后的奏章写道："王直等实海氛祸首，罪在不赦。今幸自来送死，实借玄（神仙）庇，臣等当督率兵将殄灭余党，王直等惟庙堂（朝廷）处分之。"

严嵩接到胡宗宪报告后，立即面见皇帝，提出将王直"执而缚之"的建议，说如此则"海上祸本可息"。胡宗宪遵照朝廷命令，密檄浙江按察使将王直逮入监狱。王直虽被监禁，但"无缧绁（缧绁，捆绑犯人的绳索）之拘，有费应之资"，"衣食卧具拟于职官，凡玩好之物，歌咏之什，罔不置之左右，以娱其心"。身体稍有不适，医生即"进汤药以调护焉"。胡宗宪对之继续进行安抚和怀柔。

嘉靖三十七年二月，兵部忽然题请接受王直投降，受以官职。据说这是因为，严嵩父子通过胡宗宪、罗龙文（王直之姻亲，胡宗宪之幕僚，严世蕃之门客）接受了王直十万两白银的重贿，故此改变态度，欲赦免其罪，授之以官。但是皇帝不准，面谕严嵩说："何部（兵部）臣用此自损之计？必加兵尽刑之。"皇帝虽有王直"不可赦免"的谕旨，但一再拖延，并未立即行刑。

王直登陆时，留王㴞、谢和及日本头目善妙等统领部众屯聚岑港待命。王直被捕，其众责怪"中国渝（渝，改变）约"，乃烧船登岸，据守舟山、岑港。不久，新倭又至，新旧合兵，祸患再炽。胡宗宪发兵征剿，屡败无功，为此诏令削夺总兵官俞大猷、参将戚继光、把总刘英等官职。形势的再度恶化主要是由朝廷破坏招降成约造成的。三十七年十一月，屯聚舟山三千余等待招抚的倭众见放回王直无望，乃毁巢掠船，泛海南奔，扎营福建浯屿（今金门），四出攻掠，为祸更惨。自此倭患重点转移至闽粤。

由是朝廷下定决心杀掉王直。三十八年十一月，总督胡宗宪报呈王直狱案，谓其"勾引倭夷，肆行攻劫，东南绎骚，海宇震动"，请"明正典刑"；王直同伙叶宗满、王清溪"往复归顺，曾立战功，姑贷一死"。事交兵部会同三法司复议，提出"三犯俱不可原"。皇帝下诏：王直"背华勾夷，罪逆深

重，命就彼枭示"。王直被斩于杭州，财产抄没，妻子为奴；叶宗满、王清溪发边卫充军。杀降斩使，向为兵家所戒。朝廷原以为可以树威慑敌，结果适得其反，倭众"益恚（恚，怨恨）恨，谓我不足信，抚之不复来矣"。

对倭寇剿抚兼施在策略上是正确的。但对嘉靖皇帝来说，如果与他的意愿不合，即使是雄韬伟略也往往不准实施。而作为首辅的严嵩，始而轻易提议"执而缚之"，继而接受重贿、图谋宽贷，终而支持诛斩，在这样关系国家安危的重大事件上，表现得既无谋略，又无原则，全以个人财势得失为准，谓其误国误民不冤也。

七 国难之财

严氏父子及其党羽借"抗倭"之名，大肆搜刮财物，发国难之财。赵文华督兵江南，加役增赋，贪赃奢靡，并将其侵吞所得的一部分进献给严嵩父子。胡宗宪虽有诱降徐海、王直之功，但同样挥金如土，贿结严氏。至于巡抚阮鹗更是素不知兵，唯以敛刮民财为事。自嘉靖三十四年赵文华巡视江南以来，"督抚诸臣侵盗军需无虑数千万"，而其中的相当部分被行贿给严氏父子，"剥民膏以市私交，虚官帑以实奸窦"。因此在长期的战乱中，江南虽已"四野为墟，赤地千里"，但严氏父子及其党羽却发了战争横财，以致严氏家财"有富于内藏（内藏，供应皇室的内库）者"。他们"因乱生乱"，故其时有"大江以南不患寇而患两贵臣（赵文华、胡宗宪）。"之说。赵文华在江南，人畏如虎，所至望风媚奉，贿之恐后，赃略填溢。文武官员争相进献金银财宝，以致江南金价顿增数倍。操江都御史高捷将江防银两千两，应天巡抚陈定把军饷银四千两拱手送给他，"公行贿攘，视为当然"。不仅如此，还率先侵盗军费。他通过提编徭银、加派税粮、截留漕粟、扣除京帑、迫胁富民等手段，"搜刮公私金宝图画以百万计"（又有云"数百万计"者），而其中"为军旅之用，才十之一二"。他失宠以后，朝廷决定对江南军费作一次清查。嘉靖三十九年六月，负责查核的给事中罗嘉宾、御史庞尚鹏上报查盘结果，侵盗者人数之多，数额之大实在惊人。除将"侵欺有术，文饰多端，册籍沉埋，条贯淆乱者"不计外，仅凭有根有据，账簿具存，出入可考者计算，则赵文华等人侵盗军需的具体数目如下：

督察尚书赵文华侵盗十万四千两；

总督周琉侵盗二万七千两；

总督胡宗宪侵盗三万三千两；

浙江巡抚阮鹗侵盗五万八千两；

操江都御史史褒善侵盗一万一千两；

应天巡抚赵忻侵盗四千七百两。

此皆来不及毁灭证据、掩盖躲藏之数，不及私吞总数的十分之二三，"然亦夥矣"。

严嵩坐镇京师，不义之财从江南、塞北源源而至。据说严氏父子从赵文华那里分赃数万，还有很多难以估价的珍宝书画、彝器等。赵文华回京，送给严世蕃的进见礼品是金丝床帐一具，二十七位姬妾每人金翠髻妆一奁，严世蕃还嫌礼物轻薄。

胡宗宪为了巴结严嵩这座靠山，每年向其馈送"金帛子女、珍奇淫巧无数"。田艺蘅《留青日札》中关于胡宗宪等人向严氏父子进献珍宝奇物的记载，读之令人目眩惊骇，兹抄录于下：

其籍中（严嵩败落后查抄家产清单）龙卵、猫睛诸奇货皆得之仇鸾、海上将领并贼汪直（王直）求和易者。《越王宫殿图》乃仁和（今属杭州）丁氏物，《文会》等图乃钱塘洪氏物，皆总督胡公以数百金转易者。《清明上河图》乃苏州陆氏物，以千二百金购之，才得之赝本，卒破数十家。……嵩贼（严嵩）生辰，总督诸公皆以紫金镌为文字，缀以锦绮，以珍珠为璎珞，以珊瑚为阑杆，杂以宝石，袭以香药，网罗围绕，彩绣灿烂，眩目骇人，以供一时之玩，以悦奸臣之心，罪不容诛矣。又闻有八宝溺器，金丝帏帐及违禁诸异，具先已毁灭。

阮鹗为人狡诞贪纵，原无应变之才，因谄奉赵文华而先后升任浙江巡抚、福建巡抚。他虽身负地方重任，但一筹未展，唯事搜刮加派，动以千万计。挥霍公款如同泥沙，所到之地虽"帘盘盂杯，率以绮绣金宝为饰"。对严氏父子极意逢迎，岁时进以厚贿。嘉靖三十七年二月，倭犯福州，他不仅不组织抵御，反而取布政司库银数万两、绢绸数百匹、金花千枝、牙轿数乘、新造巨舰六艘相送。言官相继弹劾其通敌误国之罪，皇帝命逮捕拷问。阮鹗暗中以重金贿赂严嵩。严嵩为之说情营救，皇帝怒气消解，仅将其罢官，而未治罪。

"权臣在内，而大将岂能立功于外者"？因此，即使是像张经、俞大猷这样的抗倭名将也不能不向严氏父子行贿。总督张经被赵文华诬陷后，向严嵩行贿五千两，但并未保住性命。三十八年三月，言官劾奏总督胡宗宪"纵寇殃民"。胡宗宪恐惧，诿罪于总兵官俞大猷，皇帝命逮捕俞大猷论罪。俞大猷向锦衣卫都督陆炳借贷白银三千两，送给严世蕃，得以不死。

东南沿海虽然战火纷飞，民生凋敝，但赵文华、胡宗宪、阮鹗等前敌要员却声色犬马，纸醉金迷，生活极其糜烂。时人记述赵文华之骄奢："赵文华视师本浙，一时气焰颇盛。其在嘉兴也，不知何人作主宴之闻湖中，饮酒醉后，连掷玉杯二三只于湖。玉杯贵重之器，何草芥视之至此？甬江（赵文华）富贵已极，意满心迷。"

胡宗宪同样淫秽奢靡，恣情妓乐。与赵文华等置酒交会，令所俘海上营妓陪伴，裸而淫之。甚至与诸幕僚拥妓，宣淫于总督衙门。巡抚阮鹗有一门役生得俊俏，胡宗宪强行霸占，致使二人相互谩骂殴击。严嵩之孙锦衣卫都指挥使严鹄路经杭州，胡宗宪设宴，大合伎乐，然后各拥姝丽相对而宿。杭州迎春之日，胡宗宪请织造太监及采木郎中李方、大学士李本之子礼部主事李元同饮，选女伎二百相侍，终日歌舞，"亵至不可闻见"。日落，"张灯火数里，鼓吹丝竹震天，女伎夹道跪送，传呼不绝"。滥施淫威，草菅人命，厨役炙肉迟缓，即叱出杀之。其子亦恃势威福，途经淳安，吊打驿丞。知县海瑞刚直不阿，佯装不知其为胡公子，将之囚禁，并查收所带银两数千，民众为之大快。

严嵩义子鄢懋卿所任盐政总理之职乃是最有油水的肥差，为其大捞钱财提供了极好机会。他贪噬无厌，不仅为公室搜刮，而且为私家聚敛。勒索属吏馈遗，榨取富人贿赂，"每历淮扬诸大镇，则馈索不下二三百万金"，又受灶户赃私六万。除据为己有外，还馈送严嵩父子及诸权贵不可胜计。他又奢侈无度，"至以文绵饰厕，白金为溺器"。总制八省盐政，所至妻妾同行，特制五彩轿舆，令十二名民女扛抬，为此点选女役多至百名，"仪从煌赫，道路倾

骇"；"置造金银汤鼓器皿，以充筵席之供，亦费千百两"。地方官员小心接待，聚资设宴，日费千金，穷极奢靡。由于他以都察院副都御史衔出理盐政，故"恫喝诸御史"。众御史虽身任监察之责，但慑于威焰，也"无不籝（籝，筐笼之类的装物竹器）金以奉，少者犹数百金"。但是时为淳安县令的海瑞却独挺不屈，敢犯权贵，致帖鄢懋卿，拒绝接待，鄢氏衔恨在心，对之横加排陷。

从朝廷到地方都在文恬武嬉，搜刮民膏，边防无法不废弛败坏。而作为内阁首辅的严嵩，尤当首任"纳贿误国"之咎。正如给事中吴时来等人所抨击的那样："边臣克剥军饷以馈执政，罪也；若执政受其馈而与之合党欺君，独得无罪乎？""今边事之不振，由于军困；军困由于官邪；官邪由于谋国之无人。所谓去恶务本，塞水从源，何暇治穿窬之盗，攻标末之疾乎？"因此从内部原因看，以嘉靖皇帝和严嵩为代表的腐败势力实在是嘉靖年间北部边患、海疆倭乱久久不息的"本"和"源"。

【第十一章】

『小丞相』严世蕃

一 代父票旨

严嵩柄政期间，京城内外流传着"大丞相、小丞相"的说法。"大丞相"指严嵩，"小丞相"指严嵩的独生子严世蕃。人们还愤恨地诅咒："此时父子两阁老，他日一家尽狱囚。"

严世蕃，号东楼，生于正德八年（1513）"肥白如瓠，短而无项"，一目失明。嘉靖十年，恩荫进国子监读书。后未经科举考试，即选授左军都督府都事、后军都督府经历，又升为顺天府治中。嘉靖二十二年十二月，经严嵩奏请，升任尚宝司少卿，支正五品俸。二十四年四月，升太常寺少卿，仍掌尚宝司事。二十九年八月，升太常寺卿（正三品）。三十年十一月，升工部右侍郎，荫子锦衣千户。三十三年四月，进工部左侍郎照旧带俸侍亲。该年八月，诏加工部尚书衔，严嵩辞免。四十四年三月，因罪被斩，时年五十三岁。

严嵩害死夏言、再任首辅时，年已七旬。嘉靖三十八年正月，他年登八十，明朝阁臣实未尝有，皇帝特赐其岁支伯爵之禄，出入西苑乘坐肩舆。他执政日久，耄而智昏，精神衰惫，又日夜侍奉皇帝修仙，"竭赤匪懈"，故此无力处理朝廷日常政务，便将"事权悉付其子"，致使严世蕃"权倾天下"。

严世蕃狡黠机智，博闻强识，熟习典章制度，畅晓经济时务，而且精力旺盛，能任繁剧。尤其善于揣摩皇上的好恶喜怒，阳施阴设，无不中意。皇上时有要务相问，严嵩困窘不能作答，谋之幕僚，皆不称旨，而交之严世蕃，则引经据典，参综陈说，每获嘉奖。因此严嵩愈发依赖爱子，甚至将内阁大学士最重要的职权——为皇帝拟写圣旨（即"票本"、"调旨"）也交给他代办。他又召集严嵩的干儿子赵文华、鄢懋卿等群会票拟，结成奸党。"一票屡更数手，机密岂不漏泄？所以旨意未下，满朝纷然已先知之。"例如嘉靖三十年，锦衣卫经历沈炼弹劾严嵩，皇上将奏本交大学士李本票拟，李本请教严世蕃。严世蕃乃同赵文华拟票停当，退交李本，李本照抄封进。即使弹劾严氏父子的奏本，也要由严世蕃票拟，"其余又可知矣"。

据说有这样一件趣事。嘉靖皇帝夜传圣旨，询问某事当如何处理，票拟颇难。严嵩与大学士徐阶、李本在值房仔细商议，每人各拟写一揭帖，提出处理意见，然后反复参酌修改，但终觉不妥，不敢誊清呈进。时已至四更，严嵩说："当呼小儿来共评定，庶不忤上意。"便派人传请严世蕃速来。差人刚出，太监即来索取票拟，皇上立待回禀，已"嫌迟滞，有怒容"。严嵩犹豫不决，仍想等严世蕃来后商定。徐阶、李本说："此事裁度再三，似已妥当，即使贤郎有高见，也不能超越于此，且上命严迫，难以再等。"严嵩不得已乃将三人商议的票拟誊录上呈。过了一会儿，严世蕃来到，见三人所拟底稿，连连摇头说："未妥，未妥！"话音刚落，太监便将三人所拟揭帖拿回，皇帝朱笔涂抹多处，令再拟来看。严世蕃执笔重新拟写，上呈之后，皇帝果然满意，依拟照办。徐、李二公乃服。

嘉靖皇帝好观经史诸书，遇有不解其意者，便用朱笔写在纸片上，令太监交严嵩讲解，立等回话。一天晚上，询问之旨至，严嵩与徐阶等侍值大臣皆不晓其义，惶悚无措。严嵩安慰众人说："无过虑！"随即密录皇帝所问，令人从西苑宫门门缝中传出，飞马送至相府，要严世蕃答复。严世蕃当即指出此语在某书第几卷第几页，做何解释，立即回禀。严嵩等人取书翻检，果然如此，遂按其解复命，"上悦"。

关于严世蕃的暴戾和干练，还有一些传奇式的传说。他虽公事猥集，仍"饮食御女，日不暇给"。有时酒醉酣睡，恰遇严嵩有要事相询，便用金制脸盆，装满滚沸的开水，将手帨浸于其中，然后趁热提出，围头三匝，如此则醒，"无复酒态，举笔裁答，处置周悉，出人意料"。故此其父对之亦"慑服，凡有施行，俱不违，养成其恶，卒至诛夷"。

除代父票拟和为皇帝解答问题外，还要代父接见朝廷府部院寺大臣和地方官员，处理朝廷机务。朝臣向严嵩请示裁决，他则令其"与小儿议之"。起初尚问："与小儿语未？"后来竟问："与东楼语未？"（严世蕃号东楼，父在人前直呼子号为失礼）据说，若不见严世蕃，"严相亦不敢决也"。有时即使严嵩准许，而严世蕃不许，"卒弗许也"。因此相府之门每日如市，"庶僚之来谒事于小相者，肩摩踵接"。

严世蕃对诸大臣骄横无礼。朝臣拜谒议事，有终日不得见者，甚至有等三四日者，而且不敢流露出倦意来。即使是大学士徐阶、李本登门拜访，也要受到冷落和屈辱。他们来到之后，先要在厅堂等候许久，才会传出话来："请缓之，中酒，需小卧乃起。"过了很长时间又传话说："深酒不能起，以午未间（午时、未时）相见可也。"

对于阁臣尚且如此，对于平民百姓当然可以草菅性命。严世蕃铸制金、银、铁鼎，认为制造的"不如法"，便将铁匠陈连活活打死，事后只给银子十二两埋葬，而不受法律的制裁。

不仅儿子严世蕃以"小丞相"而操实权，即使老夫人欧阳淑端也干涉政事。太常寺典簿昝义金善于道家之术。欧阳氏染病，昝义金为之治愈，遂欲升其为太常寺丞。太常寺听命于礼部，严嵩便向礼部尚书吴山交办此事，严世蕃又命吏部文选郎中题奏。礼部祠祭司郎中徐学谟因其违反制度提出异议。严嵩乃对吴山说："夫人意如此！"并怒骂徐学谟："何物郎？乃梗吾家耶！"吴山劝说徐学谟不要得罪严氏父子，礼部遂奏准升任昝义金为寺丞。

严世蕃生子六，另有养子二人。他们皆因祖父、父亲而荫封官位。严绍忠诈冒军功，授锦衣卫镇抚。严鹄荫封锦衣卫千户，后升为锦衣卫都指挥佥事。严绍庭荫封锦衣卫千户，后升至锦衣卫指挥使。严绍庆荫授尚宝司司丞。严鸿、严绍康、严绍庚荫授中书舍人。严绍庠例荫国子生，授后府都事、宗人府经历。锦衣卫负责侍卫、巡察、缉捕、刑狱之事；中书舍人负责书写诰敕、诏书等事，皆为皇帝近侍之臣。

严嵩父子还与朝中权贵广结裙带关系。大学士徐阶、锦衣卫都督陆炳、平江伯后军都督府都督陈圭等达官显贵都与严氏结为儿女姻亲。吏部尚书吴鹏、吏部尚书欧阳必进、工部侍郎刘伯跃、广西按察司副使袁应枢等也与严氏为"密戚"。欧阳必进尤被倚重，他是严氏儿女亲（又有说其为严嵩表侄者），嘉靖三十年由两广总督升任工部尚书，职后历任刑部尚书、都察院都御史，加太子少保，太子太保，少保。四十年三月，吏部尚书吴鹏致仕，严氏父子不顾朝臣反对，极力为他营求吏部尚书要职。为此严嵩向皇帝呈上密札，声称"欧阳必进果臣儿女亲"，"臣老矣，恃此人得政而快"。皇帝乃朱笔点用。

严世蕃身边还麇集了一群门客。他们除了为其出谋划策、聚敛财货外，还陪其饮宴戏嬉，故又称为"狎客"、"私人"。除赵文华、鄢懋卿、万寀等人外，吏部侍郎兼翰林院学士董份、工部侍郎刘伯跃、南京刑部侍郎何迁、南京通政司通政胡汝霖、南京光禄寺少卿白启常、湖广巡抚张雨、广西按察司副使袁应枢、右春坊右谕德唐汝楫、南京太常寺卿王材等皆与严世蕃朋党交通，狡佞无行。白启常甚至以粉墨涂面，引逗严世蕃欢笑。唐汝楫乃明代名臣吏部尚书唐龙之子，但却以父事奉严嵩，严嵩也以子畜养之。他可以直接出入严嵩卧室，关通请托，甚为世人所恶。严氏父子败落后，诸客相继罢斥，朝署为之一清。史家评论说，以鄢懋卿之干才，董份之文学，唐汝楫之门第，假若他们"持身克慎，恬静自守，皆可安坐而致通显"，但却"不自爱重，甘心为市井奴隶之行，卒之身名俱辱，为世所羞称，后来者可以鉴矣"。

严世蕃为求一笑，对门客恣意凌辱戏弄，门客们不以为耻反以为荣。他戏呼狎客王华为"华马"，王华便应声伏地，等候骑乘；白启常随即伏地作马镫，他遂蹬着白启常骑上王华之背，驱赶而行。一天，严世蕃与门客相坐，"适有余气（放屁）"。一门客厚颜无耻，用手搧拂着鼻子问："何异香？"严世蕃佯装惊骇地说："失气不臭者，病在肺腑，吾其殆矣！"这位门客也颇能随机应变，过了一会儿，又用手拂鼻说：香味已经没有了，只是"微有气"。严世蕃大笑，"以告所亲，盖亦轻之也"。

"宾客满朝班，亲姻尽朱紫"。严氏父子以血缘、亲戚、乡里、师生、门客、党徒结成庞大的权力网络，真可谓盘根错节，根深蒂固，典型地表现了中国封建社会封建宗法与封建政治相结合的特点。

严嵩父子败亡之后，人们在探讨其获罪的原因时，有的认为严嵩"为骄子（严世蕃）所败"。这是有一定道理的。严世蕃蔑视国法，横行无忌，不仅使自己身陷诛戮，而且增加了父亲的罪恶。不过从根本说来，祸根还是在严嵩

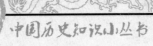
的身上。是他视权力为私物而委之于子；是他"溺爱灭法"，"纵子为非"，酿成"纪纲陵夷，廉耻扫地，边备懈弛，闾阎困敝，夷虏交侵，盗贼蜂起"的危机局面，结果不仅自己身败名裂，而且"适足以杀其子"，断送了严世蕃的性命。

二 酷贪成性 奢靡无度

赵翼在《廿二史札记》中谈论明代贪污问题时说道："明代宦官擅权，其富亦骇人听闻"，但"纳贿亦不必阉寺，凡势之所在，利即随之"。例如"严嵩之纳贿，实自古权奸所未有"，"是可知贿随权集，权在宦官，则贿亦在宦官；权在大臣，则贿亦在大臣，此权门贿赂之往鉴也"。他把"权"与"贿"、"势"与"利"、"贿"与"富"的关系讲得相当深刻。在封建时代，权力是贪污受贿的前提；贪污受贿是权门致富的重要途径。这一特点在严氏父子身上体现得最为明显，这是他们之所以招致广大士民切齿痛恨的主要原因之一。

严氏父子在进行贪赃枉法活动时，严世蕃往往在前台。关于他们贪污受贿的具体事实，在本书前面章节中已多处作过叙述，这里再作些补充。

"天子儿尚行金予我"。皇帝子孙，即亲王、郡王们若要请封、请赐也需向严氏父子行贿。朱载垕，嘉靖皇帝第三子，封裕王，其生母失宠；朱载圳，嘉靖皇帝第四子，封景王，乃宠妃卢氏所生。太子早逝，按序裕王当继封太子，但嘉靖皇帝久延不决。严嵩见皇帝首鼠两端，便对裕王持冷淡态度。按例，裕王府除亲王常禄外，每年还拨给一定费用，但因没有严氏父子的旨意，户部竟三年没有发放，致使王府"窘甚"。王府官员提醒裕王说："非贿赂世蕃不可也。"这位未来的皇帝（嘉靖皇帝逝世后即位，是为穆宗隆庆）也不得不如此办理，筹措了一千五百两银子（其中有五百两从宦官借贷而来），派人以亲王的名义拜谒严世蕃，将银两献上。严世蕃欣然受之，然后吩咐户部补发裕王府三年的供给，并向人夸耀说："天子儿尚行金予我，谁敢不行金者？"

大学士徐阶每当谈及此事，辄吐舌曰："世蕃胆真大于天！"

伊王朱典楧，太祖朱元璋庶二十五子朱㭎后裔，嘉靖二十三年袭封王位，王府在河南洛阳。他凶顽成癖，久蓄异志。宫室僭越，除王府正宫外，又违制建造宫殿台阁十余处。王府护卫原额二千名，违制扩充至一万四千六百五十余名。仪卫司校尉原额六百名，违制扩充至六千六百余名。锻造甲胄枪炮，偷养战马，召集亡命，图谋大举。私阉太监二百余名。遍索洛阳十二岁以上女子七百余人，选其中姝丽者九十人纳于宫中，其余令以银取赎。逼残民众，草菅人命，抢夺百姓妻女四百余口；强占官民房屋三千余间；诈骗民财三万余两；阻截关津，擅立税厂；催征价银，开设店铺。由于其罪恶昭彰，地方抚按、朝中言官屡屡劾奏，要求重治以法。伊王见事态急迫，便向严世蕃行贿白银十万两，求予保护，严世蕃受纳之。由于有严氏父子为内援，伊王益发跋扈，怙恶不悛，直至严氏父子败落，才于嘉靖四十三年二月废为庶人，禁锢高墙。

"官无大小，皆有定价"。严世蕃熟知中外官员贫富险易，"责贿多寡，毫发不能匿"。朝廷和地方大小文武官吏凡选任、升迁，不论贤否是非，唯以所行贿金多少而定高低。贿金多者，不仅官职高，而且就任的地区富；若某官众人相争，则抬高其价。州判三百两，通判五百两，指挥三百两，都指挥七百两。御史、给事中五百两、八百两，有增至千两者。吏部之官贿金最重，吏部郎中、主事开价即达三千两，后猛增至一万二三千两。刑部主事项治元家资巨富，向严世蕃行贿一万三千两白银，得转调吏部勋稽司主事，因其所贿之数与明初江南首富沈万三的"万三"巧合，故人们乃以"沈官儿"、"沈万三官"呼之，以示讥讽。举人潘鸿业欲得山东临清州知州肥缺，自带白银八百两，又在京城借贷一千五百两，送给严世蕃，遂得此官。翰林院乃道德文章之地，但选授翰林亦需重金。庶吉士陆树声有清望，严世蕃向其索取松江绫子二百匹，许以翰苑之职予之，遭陆树声拒绝，严氏父子对之大恨。中、下级官吏尚且如此，高官大吏价钱之高可想而知。

"严氏当国，谥俱贿致"。"谥号"是对死者的庄严封赐，但也变成可以买卖的商品，"迟速予夺，一视赂之厚薄"。科举考场同样污秽不堪，散发铜臭。嘉靖四十一年春，进士考庶吉士，有人通过太监以重金向严嵩行贿，严嵩遂将所拟试题泄露给他们，不料被人密告揭发。临考之前，忽传圣谕"今年且罢"，考生一哄而散。

廉洁奉公，不向严氏行贿，则会遭到迫害，即使是朝廷六部尚书、内阁大学士也难保住官位。顾应祥乃朝中老臣，与严嵩同年，嘉靖二十九年七月升任刑部尚书，但因未向严氏父子进献谢礼，严氏父子便授意给事中对其进行弹劾。然而吹毛求疵也未找到他的过失，严嵩便以他有"鼻瘿"，不宜在皇帝身边供职为由，把他调去南京。从到任到离职，顾应祥只做了一百天的刑部尚书。礼部尚书吴山，皇帝欲召之入阁，但他戆直不附严氏，严嵩便密进谗言，使之终未入阁。

吏部主管文官选任，兵部主管武官选任，若使卖官鬻爵畅通无阻，必须控制吏部和兵部。严嵩当国，"以吏兵二曹为外府，稍不当意，或诛或斥，二曹事之，如掾吏之对官长，主奉行文书而已"。吏部尚书李本（曾以大学士兼管吏部）、吴鹏、欧阳必进等承其颐指，去取惟令，不敢牴牾；兵部尚书许论"委身严氏，贿遗狼藉，其典本兵，一听世蕃指挥画诺而已"。甚至吏、兵二部选官，呈奉簿记，任严氏父子填发，因此人们将吏部文选郎中万寀、兵部职方郎中方祥称为严氏的"文武管家"。由此严氏笼络一世，苞苴馈遗，阿附结党者，皆得美差；疏远自持，不出其门者，摈除罢黜以尽。

向罪臣索贿。只要向严氏行贿，"无功可受赏，有罪可不诛"，法纪荡然。有的人虽是严氏同党，但犯罪后，为了保住权势也需向其行贿。宁夏总兵仇鸾、福建巡抚阮鹗、宣大总督杨顺等封疆大吏、边疆将帅都曾这样做过，仇鸾竟至行贿数万。至于一般官员犯法，向其行贿以求逃避制裁者更是大有人在。有的自知遭其诬陷，但为了侥幸活命，还得向其行贿，而结果往往是严氏父子既收其钱财，又害其性命。最典型的事例莫过于三边总督曾铣和江南总督张经。曾铣及夏言妻父苏纲被逮后，严氏父子向苏纲之子勒索白银一万二千两和庄房一处；张经被逮后，向其行贿五千两，但他们都没有保住性命，落得人财两空。

侵吞军饷。边饷军费是严氏父子窃取钱财的主要目标之一，贪污数额惊人。户部所发粮饷，"朝出度支之门，暮入奸嵩（严嵩）之府，输边者四，馈嵩者六"。边军岁饷百万，"强半赂嵩"，致使内库所藏"不足支诸边一年之费"，而严氏所积"可支数年"。

总之，卖官鬻爵，无孔不入。御史邹应龙"政以贿成，官以赂授"的弹劾准确地概括了严氏父子的为政之道。内外文武大小官吏岁时馈送，名为"问安"；武将克扣银两，多者巨万，少者数千，纳于严氏父子，名为"买命"；每遇大选、急选、推升、行取，皆遍索重贿，择地捡官，名为"漏缺"；行贿得官之后，即搜索官库，剥削小民，金帛珍玩，送至严府，名为"谢礼"。由是"士风大坏，边事日非，帑藏空虚，间阎凋瘁，贻国家祸害，迄今数岁未复"。

严氏父子"贪墨滔天"，因此京城士民皆以"钱痨"称之。通过贪污受贿，严氏聚积了巨额家资，是当时全国十七家首富之一。据说，为了夸富，严世蕃每积资百万则举行一次盛大的酒会，在其败落之前已经举会四次（又有说五次者），犹渔猎不止。为了储藏这些金银珍宝，严世蕃在京师相府挖了一个深一丈、方五尺的地窖，四周及窖底砌以纹石，相传经过三天三夜才把它装满，"外存者犹无算"。在封窖之前，请其父前来过目。严嵩见到自家金银珍宝如此之多，不禁惊愕，口中嗫嚅而语："多积者必厚亡，奇祸，奇祸！"除京师相府外，在袁州老家也有银窖，而且容积是北京的两倍。

严府是腐朽的寄生者，"锦衣玉食，僭拟王侯"。他们"夸多斗靡"，将搜刮来的财富尽情地挥霍，生活糜烂，耗费之余，则窖之地下，"以为不若是则权不足以胁人，富不足以甲众"。严世蕃之子严鹄、严绍康等炫耀说："一年尽费二万金，尚苦多藏无可用处。"于是"竞相穷奢极欲，鬼殛神号"。"凡穷海之错，极陆之毛，绝域之所产，人间之所无，罔不毕至，以供饮宴。""粉黛之女，列屋群居，所衣皆龙凤之绢，所饰尽珍珠之宝，张象牙之床，围金丝之帐，朝歌而夜弦，左斝而右舞，宣淫无度，污蔑纲常，从古以来未有以拟其奢。"严氏父子不仅睡金丝之帐，而且"溺器皆用金银铸成妇人，而空其中，粉面彩衣，以阴受溺"，或者用象牙镶金制成。严世蕃有姬妾二三十人，纵之宣淫。对奴婢更肆意蹂躏，严世蕃每次吐痰，都令婢女以口承接，"方发声，婢口已巧就，谓曰'香唾盂'"。

"贿赂彰，风俗坏"；"内阁吏部要钱，吾等守清无益"；"皇上只要人干事，不怪人要钱，贪夫从而和之"。严氏父子"政以贿成"导致官风、士风大坏。嘉靖年间是明代吏治的重要转折点。明初以来，"吏治澄清者百余年"。即使是正统、正德年间，内外多故，"而民心无土崩瓦解之虞者，亦由吏鲜贪残，故祸乱易弭也"。而至嘉靖，特别是中期以后，则风气大变，贪污受贿、奢侈靡费发展为贵族、官绅等级的普遍行为。时人感叹："当嘉靖末载，世风之溷浊甚矣。民不见德，惟贿是闻，四夷交侵，万民失业，天下势盖岌岌乎其殆矣。""其风大约起于严氏父子，后遂不能禁，且尤而效之也。"

在朝廷法度及道德观念、社会心态上，嘉靖以前，贪污受贿行为尚能受到法律的制裁和舆论的谴责，因此贪贿者只能"暮夜而行，潜杀其迹，犹恐人知"。而此后，封建统治集团日益丧失惩治贪贿的能力，官僚阶层也视贪贿为"自然"，"习以成风，恬不为耻"；廉洁奉公者反遭讥笑，被斥为"无能"、"迂腐"。

贪贿乃"害国误民之祸本"。贪风盛行必然招致民众的怨恨，激化社会阶级矛盾。嘉靖末年，大学士徐阶针对严氏父子掀起的"要钱"风尖锐地批评道：

往年有造言者曰："皇上只要人干事，不怪人要钱，贪夫从而和之。"于是内外诸司，公然剥虐百姓，不复耻畏。其官日升，其家日富，而民财则日穷，民心则日怨。即如昨妖逆倡乱（系指白莲教起义）之词，动辄以"艰难困苦"等语发端，鼓煽愚昧。此要钱一件，所以尤为害国误民之祸本也。（徐阶《答尽去剥虐谕》）

贪贿是封建社会难以医治的痼疾。嘉靖年间之所以形成贪风、奢风盛行之势，除了一般的社会根源外，还有其特殊的原因。经过长期的积累，明中叶以后商品货币经济空前发展。"金令司天，钱神卓地"，"纷华染，靡汰臻"，商品经济的发展进一步刺激了封建统治阶级的贪婪欲望，便凭借政治权力，通过贪污受贿搜刮钱财，以满足奢侈生活的需求。由于他们只知尽情地享受商品经济发展所形成的物质文明，而不能为其进一步发展开辟道路，因此严重地阻碍了历史的进步。

三 纵仆为恶

明中叶以后，士大夫畜奴之风盛行。奴仆在法律身份地位上虽然被剥夺了人身自由，比一般平民百姓还要低下，但达官显贵们的贴身仆人在事实上却享有很高的尊荣。

严氏权势熏灼，豪奴炙手可热。即使是相府中的一般仆人也敢于傲视公卿。在相府门外，经常有三四家奴踢球，他们对来相府拜谒的普通官员，视之"如无物"，只有对各部尚书等高官，才"少逊耳"。有时僚属满堂，恰有高官到来，众人则分散到家人门房中，家人或弹琴或围棋或博塞，分局嬉戏，喧哄竟日，每日如此。一次，一位官员叩见严世蕃，久候不得传见，因求空地小便，被一家童发现，即提其耳，大加辱骂，"其人逊谢求解"。众人围观，遭受诟辱者竟是一位三品寺卿。又有一次，一位监司求见严世蕃，彷徨多时。一名相府苍头正在便房理发，监司求其为之通禀，苍头不应。监司以十两银子相送，苍头随手将银子掷予理发匠，以示不屑。监司骇惧，多加银两进奉，苍头方才首肯，令得一见。

在众仆人中尤以严年、严冬最为狡黠。严年（又有称严永年者），道号"鹤山"，严世蕃委以腹心。士大夫皆以"鹤山先生"呼之，而不敢称其姓名。若能与其交游，则自谓荣幸；官位较低者，欲与之交往而不能。严世蕃卖官鬻爵，严年专管过钱，十取其一，因此积资亦数十万。严嵩生日，严年总是献银万两，为之祝寿。"一介仆隶，其尊大富侈若是，则主人当何如耶"？恶仆严冬则为严氏父子经管南京、扬州、仪真等处庄园，剥取民财，侵夺民利，民怨入骨。

严府还纵仆欺压良善，"小民怨气冲天，冤声伏地"，甚至地方守令亦受挟持。相府家人在京城打死卖灯商贩，只花银八十两便了结命案。至于原籍宜春奴仆头目们更是掠夺土地和财物的得力打手。这些豪奴悍仆在主人面前是奴才，而在劳苦民众面前则是恶棍。他们是权贵们借以实现剥削和统治的工具。

【第十二章】

败落

一 与徐阶矛盾的明朗化

嘉靖后期，"四夷交侵，万民失业，天下势盖岌岌乎其殆矣"。次相徐阶利用人们对朝政的普遍不满和速行新政的迫切要求，谨慎而巧妙地向严氏父子发起攻击。

徐阶，字子升，松江府华亭县（今属上海）人。嘉靖二年进士，二十八年升礼部尚书，因对皇帝恭勤，所撰青词又工丽称旨，故召入值西苑。三十一年入阁参与机务，为次相。四十一年推倒严嵩，升为首辅。隆庆二年为高拱所败，致仕家居。万历二年（1574）逝世，终年八十一岁，赠太师，谥文贞。

徐阶"短小白皙，善容止，性颖敏，有权略，而阴重不泄"。他侍奉皇帝既不像夏言那样傲慢怠懈，也不像严嵩那样奸佞柔媚；处理朝政既向往清明，又善施权术；官场争逐既能韬光养晦，又会出奇制胜，是一位弹性很强的有谋略的政治家。但也有人对其"圆滑"的性格不以为然，工部尚书李遂称其为"四面观音"；海瑞批评他是"甘草国老"。

徐阶尽管"随事调和"，但是仍然不可避免地同严嵩发生了矛盾。在如何对待夏言、北虏、南倭、吏治、民生等许多重大问题上，二人不断发生摩擦。徐阶与人谈及时政，每每"太息流涕，微示异同"。严嵩对徐阶积怨日深，每每对其加以中伤。一日，皇帝单独召见严嵩，扳着手指，一个一个地谈论大臣优劣。当谈到徐阶的时候，严嵩评论说：他"所乏不在才，乃才胜耳，是多二心"。徐阶看形势不利，不能与之硬拼，便一方面对皇帝更加恭谨，对青词更加精益求精，以求皇上"怜而宽之"；另一方面对严嵩"阳柔附之，而阴倾之"，虽内藏仇恨，表面上却作出与之"同心"的姿态，屈节卑礼，非常谦恭。江西士大夫很重乡曲之谊。徐阶为了向严嵩显示友好和靠拢，便以躲避倭患为名，在严嵩原籍江西南昌建造宅第，树立牌坊，然后把户籍移至江西。严嵩败后，又将南昌府第卖掉，解除江西之籍。为了打消严嵩的猜防，徐阶又将长子太常寺卿徐璠之女许婚于严世蕃之子，严嵩大喜，"坦然不复疑"。后来严世蕃定罪将斩，徐璠进见其父，"色怒不言"，然后用毒酒将女儿毒死，徐阶"鞔（鞔，笑）然额（额，点头）之"，这是一桩政治婚姻。那位刚到"及笄"之年的少女成了残酷政治斗争的牺牲品。

徐阶的韬晦之计大见成效，皇帝宠信日增；严嵩虽然深险，也为徐阶所笼络。这种基础脆弱的平衡关系经不起风吹草动，很快由于吴时来、张翀、董传策三人同日上疏事件导致严、徐矛盾激化。刑科给事中吴时来、刑部主事张翀都是徐阶的门生；刑部主事董传策，华亭县人，徐阶同乡。嘉靖三十七年三月，三人同日上疏弹劾严嵩纳贿误国之罪，指出严嵩父子败坏朝政、边防、财赋、吏治、人才，若不早除此"二蠹"，则国家无法摆脱危机。

三人同日上疏，引起严嵩极大怀疑，认定徐阶是幕后主使。于是向皇上密呈奏札，请求追查，并将吴、张会试时的考卷封进（徐阶为主考官）。

在首辅与次辅微妙的争斗中，皇帝还没有下定以徐阶换易严嵩的决心。他嫌徐阶操之过急，抢班夺位，自言自语地说："阶（徐阶）固贤，虽然嵩（严嵩）老矣，何〔不〕小需岁月，而忍若是？"乃下旨逮捕三人入狱，追究主使之人。镇抚司诏狱对三人百方拷问，备极苦毒；三人咬定没有主使，完全是"高庙（明太祖朱元璋）神灵教臣为此言尔"！幸亏锦衣卫都督陆炳与严嵩亦生芥蒂，心向徐阶，经其斡旋，最后以三人"相为主使"、"诬罔大臣"之罪结案，俱发烟瘴卫所充军。徐阶这才得以从危机中解救。

这一事件发生后，徐阶为了迷惑皇帝和严嵩，把谦卑退让、与世无争之态表演得更加逼真。每离西苑值庐回府，辄称染病，谢客不见，而对进呈给皇帝的青词笔札则加倍用心。皇帝对他的不悦逐渐淡薄，"久而察知阶（徐阶）忠廉"，有所密示，往往抛开严嵩而咨问于他，三十九年加官太子太师。

严嵩对徐阶的怀疑并非无中生有。吴时来三人对严氏父子的猛烈抨击至少反映了他们的老师徐阶的政治意向。这一事件是一场新的政治风浪即将来临的信号，同时也在事实上宣告了严、徐斗争的明朗化。

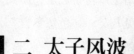

二 太子风波

嘉靖三十九年春天，爆发了震惊朝野的郭希颜事件。这一事件之所以引人注目，是因为它涉及的是皇帝与皇子、皇子与宰相的关系，亦即封建朝廷的最高层的矛盾。

嘉靖皇帝生了八个儿子。长子朱载基，立为皇太子，但出生两个月就夭折了。嘉靖十八年，次子朱载壑继立为皇太子，时年四岁；三子朱载垕封为裕王；四子朱载圳封为景王。嘉靖二十八年，皇太子朱载壑又亡。按封建礼制，三子裕王朱载垕应继立为皇太子，但嘉靖皇帝迟迟不予册立。据说，原因是以前的两位皇太子皆年幼早殇，故不欲接着再立；道士陶仲文曾密言二龙不能相见，皇帝是龙，皇太子是未来的龙，所以不仅不能册封，而且父子不能见面。有的还说，裕王生母失宠，景王乃宠妃卢氏所生，拖延册立裕王为太子，与此有关。宫闱之争，隐秘难言。嘉靖四十四年景王逝世后，皇帝就曾说过"此子（景王）素谋夺嫡"。严嵩父子对继立裕王为皇太子也很冷漠，以致裕王只有向其行贿才能领到户部发给的府邸费用。由于太子久不册立，因此裕、景二王居处服饰无别，形迹相似，群情疑惑，外论汹汹，并且成为党争的事由，有人欲由此打开缺口，出奇制胜。

郭希颜就是欲借此"钓奇而取富贵"的一个。郭希颜，江西人，原任左春坊左中允，因议礼"谬论渎扰"，罢官居家，郁郁不乐，"欲以危言奇计，侥幸大功"；又恨严嵩虽为同乡但不予救援，亦欲借端攻击之。嘉靖三十九年初，秘密派人入京，在城门闹市张贴匿名招贴，宣称严嵩要谋害裕王，拥立景王，制造舆论，摇动群情。

　　接着，他又具名上疏，提出"安储"之论。他说，皇上曾有"建帝立储"的圣谕，道路相传，皆以"立储"相贺。所谓"立储"，即册立皇太子，皇太子也称"皇储"、"储君"、"国本"。但是"立储"难行，因此莫如提"安储"。所谓"安储"，就是保证裕王的安全。为了保证裕王的安全，皇上与宰相、二王与宰相、皇子与皇子、皇帝与皇子之间必须相互信任，去掉怀疑。他还对二王与宰相、二王之间、皇上与二王这些朝廷中最核心的人事关系和权力分配作了深入论述，提出皇上应分别召见二王及严嵩，加以告谕；裕王留京，景王早日前往封地等具体建议。

　　郭希颜以虚攻实，表面上是说唯恐宰相与皇子互相怀疑，而实际上等于说这是事实，而且已经严重到了威胁"国本"安全的程度；他表面上作出关心严嵩的姿态，而实际上给其加上了一条动摇"国本"的罪名，因此弄得严嵩难以招架。见到郭希颜奏疏之初，严嵩"叵测上旨"，遂票拟交礼部议处，而未加可否。

　　皇上对郭希颜的奏疏很是厌恶，因为不立太子是他的决定，而他的决定是不允许臣下反对的。因此对严嵩的票拟不满地说："汝等拟下部（礼部）看，欲以何为？若用其言，只管郊庙告行（命景王离京就藩），何如？"严嵩见皇帝的态度于己有利，便对郭希颜展开反击。回奏道："彼曰二王、辅臣疑而不自安，臣思二王于臣，并无纤毫可疑之事"，其"欲中臣以日后莫大之祸"，宜交三法司议罪。

　　皇帝和宰相对郭希颜罪行的着眼点并不相同。严嵩认为郭希颜奏疏的要害是散布"可疑"论；而皇帝则认为是"建帝立储"四字，批评严嵩抓错了主旨。天无二日，国无二帝，在父皇在位之时，怎能提出建皇子为"帝"？简直目无皇上，心怀叛逆。于是下诏，以"妖言惑众"之律定郭希颜死罪，于原籍就地处斩，传首四方。

　　郭希颜欲以"险计"推倒严嵩，虽有侥幸一掷、自求富贵之念，但并非孤立事件。它反映了普遍存在于士民间的对严嵩的痛恨情绪和革除积弊、速行新政的强烈愿望，而且严嵩与裕王之间也的确存在着猜疑和矛盾。因此郭希颜的死也引起一部分士大夫的同情。

还有一种说法是严嵩在郭希颜的奏疏上做了手脚，要了他的性命。郭希颜奏疏只在开头提过一次皇帝曾有"建帝立储"的圣谕，尔后再未出现"建帝"二字，只是述论如何"安储"。而恰恰"建帝"被皇帝视为全疏的要害。那么究竟皇帝有没有过"建帝立储"的圣谕？如果有，何以又罪其大逆不道？如果没有，郭希颜何以敢捏造圣旨？因此很可能是，郭希颜奏疏中本无"建帝"二字，是严嵩贿赂宠幸太监、宫妃秘密洗改添入的，用以"激起圣怒，理亦宜有之"。郭希颜死之猝然，未及自辩即已人头落地，遂给后人留下一桩疑案。

郭希颜被杀，严世蕃蠢蠢欲动。他自知树敌过多，担心父亲死后自己难以支撑，早就在谋求善后之策。现在推测皇帝有废立裕王之意，便以重金收买皇帝左右，密谋拥立景王为皇太子，以求将来代父执政时有所依赖。但是这只不过是一个梦想。

郭希颜推倒严嵩的目的虽然没有立即实现，但他掀起的政治风波还是给皇帝与严嵩的关系投下了重重的阴影。皇帝对"建帝"说虽很反感，但对"猜疑"说也引起了重视。因此在几个月以后的一个深夜，忽然传下圣旨说：景王王府建成已经数年，景王应当遵照"祖宗大制"，及早到封地去，"何久不举行？"严嵩接旨愕然。严世蕃竟不相信这是真的，还以为"上意未必尔，或欲因以试物情"。其实这正是嘉靖皇帝的深奥莫测之处，"盖虽杀希颜（郭希颜）之身，实阴用其言矣"。

嘉靖四十年二月，景王遵旨前往封地，严世蕃废裕王、立景王的梦想破灭。景王府在湖广德安府安陆（今属湖北）。每年赐拨禄米一万石；其在京时原支禄米三千石仍照支三年；每年赐给食盐一千引，茶叶三万六千斤。除此又侵民业，籍编民，析税壤，赐给庄田四万顷及煤锡坑冶、盐店盐税等管业。景王府庄田数额之多是空前的，此后也只有万历时的潞王可以与之匹敌。这也许是嘉靖皇帝对于不能立其为皇太子的一种补偿，然而它带给民众的却是失去土地的无穷苦痛。

为了制约严嵩父子的权力，嘉靖皇帝又于四十年十一月命礼部尚书袁炜入阁参与机务，而将严嵩表侄吏部尚书欧阳必进罢官。

三 失宠

嘉靖四十年冬季，一场火灾进一步加深了皇帝与严嵩的裂痕。

嘉靖四十年十一月二十五日夜晚，在西苑永寿宫，皇帝酒后与所宠尚美人在貂帐内玩弄烟火，延燃他物，大火顿起，永寿宫付之一炬。火后，皇帝暂住玉熙殿，狭隘潮湿。工部尚书雷礼提出永寿宫"王气攸钟"，宜及时修复；而众公卿则主张皇帝迁回大内，既节省资财，又可恢复朝仪，视朝理政。皇帝问严嵩的意见。严嵩考虑到眼下三大殿工程正在进行，工急费繁，库藏空虚，不宜再兴永寿宫之役，皇帝按理应该驾回大内，但这会触犯忌讳，因此提出请皇帝暂住南宫。南宫虽修饰完整，但在嘉靖皇帝看来同样是一个不吉利的处所。原来明英宗被蒙古也先俘虏放回后，景帝即将其软禁于此，乃为"逊位受锢之所"。因此皇帝对严嵩的建议大为不悦，说这是"且欲幽（幽，囚禁）我"。

严嵩耄老智衰，反应迟钝，诸事皆依仗爱子严世蕃谋划处置，因此时人有"皇上不能一日无嵩，嵩又不能一日无其子"之说。但在嘉靖四十年五月严嵩夫人逝世以后，严世蕃丁忧守孝，虽干政如故，但已不能像以往那样随便进入西苑值庐代父议事；而且趁居忧之机，拥姬狎客，大肆淫纵，对父亲飞札走问之事亦不甚用心。有时皇帝问事，太监在旁催促，立等回答，严嵩无奈，只得以己意奏对，往往失当。这次关于永寿宫的对答，他只想到了要避讳大内，而对避讳南宫则没有反应过来。谁知这竟成为决定他晚年命运的一大失误。

皇帝转而询问次相徐阶。精明的徐阶决不会放过这个千载难逢的机遇。他要借此争取皇帝的信任，离间皇帝与严嵩的关系，动摇严嵩的地位。他表现出十分忠诚的样子说：皇上现在居住在玉熙殿，如同露宿，"臣子何忍安枕"？并且提出修复永寿宫的具体规划，以三大殿工程"余料"为材料，由工部尚书雷礼主持施工，百日之内完成。皇帝大悦，俱从所议，并且钦命徐阶之子尚宝司丞徐璠兼工部营缮主事，督视工程。

四十一年三月，工程果然如期竣工。皇帝将其改名为"万寿宫"，诏令举行迎恩大典五日，群臣上表称贺。奖赐效劳诸臣，徐阶加官少师、兼支尚书俸、荫一子中书舍人；雷礼加太子太保、荫子入国子监读书；徐璠晋升太常寺少卿；而严嵩仅加禄米百石而已。万寿宫落成之时，恰值徐阶一品十二年考满，皇帝表彰说：徐阶"辅弼重臣，忠劳茂著，其写敕奖谕，赐宴礼部，仍与应得诰命，以称朕眷酬至意"。真是荣耀无比。徐阶不仅已经同严嵩一样加官至"少师"，而且皇帝的宠爱也超过了严嵩。自此有关朝廷机务，皇帝皆召徐阶顾问而把严嵩甩在了一旁。经过二十年之久，皇帝的宠信终于实现了重大转移，这预示着朝廷权力分配将要发生重大的变化。

严嵩见皇帝将宠爱转移到徐阶身上，不免忧心忡忡，恐惧不安。为求徐阶谅解，特置酒席相敬。席间，严嵩令子孙跪拜于徐阶之前，然后举杯相托："嵩旦夕死矣，此曹唯公哺乳。"徐阶佯装惊讶，连说"不敢当"。

斗转星移，时过境迁。严嵩失宠后，即使他的心腹之人也开始叛他而去。工部尚书雷礼，江西丰城人，严嵩同乡，得其庇护提携，官至六卿。现在窥知皇帝的意向，便离严嵩而附徐阶，甚至公开与之相抗，严嵩甚为悔恨。一日，严嵩在西苑值庐，雷礼侍坐。严嵩感叹道：近日徐阶偶尔得一二道皇上密旨，就立刻骄傲起来，何其小气？"此老夫二十年前光景也！"雷礼大声反驳道：徐老先生志趣高尚，"相公未可厚非"。严嵩对其斥责道：难道你不是我的乡里？为何袒护他人！雷礼寸步不让，应声说：我是二品尚书，"奈何以语言辱我"！严嵩诟骂道：你的尚书官职是谁给你争来的？"敢为此态"！二人大闹值庐，几乎动起手来。雷礼走而禀报徐阶，徐阶立即密奏皇上。皇上密札答复徐阶：严嵩并非羞辱雷礼，"乃诟卿（徐阶）也"。自此，严嵩"日槽（粗陋而薄的小棺材）矣"。为了稳住阵脚，严嵩还用软的一手拉拢朝臣，有来访者，即取出美酒数杯请饮，神秘地说：此"皇上所赐，以优吾老者，徐（徐阶）、袁（袁炜）二公不及也"。其实，当时"外议已藉藉腾沸"，大势已去。

为了促使皇帝早日下定驱逐严嵩父子的决心，徐阶还利用皇帝信奉道教的特点，设法表明罢黜严氏乃是神仙玉帝的意志。道士蓝道行，山东胶州人，善降紫姑和扶乩术。"紫姑"，中国神话中的神，能降乩语。"扶乩"，亦称"扶箕"、"扶鸾"，请神降临、占卜吉凶祸福。蓝道行来到京师，出入公卿门下，经徐阶推荐，皇帝将他召入西苑，使之预见吉凶祸福，以为决断政务的依据。据说，他言之每每奇中，皇帝甚为信任。个中自有奥妙。原来，皇帝有所卜问，先将所疑之事写于纸上，加以密封，交太监至扶乩之所焚烧，然后由蓝道行扶乩，诈冒仙笔，作出答复。如果"神仙"未能降乩，或者回答的不如皇帝心愿，那么皇帝就要归咎于太监污秽不洁，不能请神降临。太监经此责罚，便与蓝道行合谋作弊，欺蒙皇帝。其办法是，在扶乩之前，他们先偷偷把密札启封，窥知所问内容之后，再行焚烧，扶乩；或者用偷梁换柱之术，将伪造的皇帝密札烧掉，而将真迹匿藏起来。这样，每次扶乩所得的"仙语"都很符合皇帝的意愿。在这种特定环境下，至尊无上的君主也要为道士和太监所要弄。

一日，严嵩有密札将要呈奏皇帝。徐阶将此事事先通知蓝道行。蓝道行伪装紫姑降临，向皇帝预告说："今日有奸臣奏事。"皇帝正在迟疑之间，严嵩密札送至。这样，严嵩就与"仙语"中的"奸臣"对上号了。

又一日，皇帝请蓝道行扶乩。下面是皇帝与蓝道行伪装的"神仙"之间的问答。问："今天下何以不治？"答："贤不竟用，不肖不退耳。"问："谁为贤、谁为不肖？"答："贤者辅臣阶（徐阶）、尚书博（杨博）；不肖者严嵩父子。"问："吾亦知严嵩父子贪，上帝何不震而殛（殛，杀死）之？"答："上帝殛之，则益用之者咎，故弗殛也，而以属汝。"就是说，如果上帝直接将他处死，那就会增加重用他的人（即嘉靖皇帝）的罪责，因此上帝不击杀他，而将他交给你（嘉靖皇帝）处置。既然昊天上帝把诛除严嵩父子的大任交付给嘉靖皇帝，他当然不敢怠慢。严世蕃想用十二万两银子为代价，请蓝道行修改乩语而未得逞。接着便有严嵩罢官、严世蕃被斩的事件演出。

一篇伪造的乩语竟可以换易宰相，改变政局。史家认为，在与严嵩的斗争中，蓝道行虽以伪乩制胜，但"伪而不恶"；嘉靖皇帝好神仙虽蒙非议，但"仅此得力"，因为它客观上顺应了士民们要求罢除严氏父子的意愿。

四 罢相

蓝道行的乩语很快传到了御史邹应龙的耳朵里，遂使他成为最后把严嵩赶下台去的英雄。

邹应龙，字云卿，西安人，嘉靖三十五年进士。嘉靖四十一年五月的一天，他在一位内侍太监家里避雨。这位太监把近日皇帝密令蓝道行扶乩的事透露给他。邹应龙知"帝眷已移"，立即修成《贪横荫臣欺君蠹国疏》，弹劾严嵩父子，中心内容是"贪污误国"。这份奏疏对于最终击倒严嵩父子起到了关键作用，它列举了严氏父子贪赃枉法、败坏朝政的种种劣迹，分析了其造成的严重后果，指出："今天下水旱频仍，南北多警，民穷财尽，莫可措手者正由世蕃父子贪婪无度，掊克日棘，政以贿成，官以赂授。凡四方小大之吏莫不竭民脂膏，剥民皮骨，外则欲应彼无厌之求，内则欲偿己买官之费，如此则民安得不贫，国安得不竭？"因此，请斩严世蕃"以为人臣凶横不忠者之戒"；其父严嵩"溺爱恶子，播弄利权，植党蔽贤，黩货败法"，应即令其退休，以清政本。

皇帝得疏，思量着严氏父子贪赃枉法的罪恶，回忆起近来对严嵩的种种不快，体味着上帝嘱其诛杀严氏父子的乩语，遂下定决心对其加以惩处。下令逮捕严世蕃及有关人犯治罪。而对严嵩，顾念其"力赞玄修"之功，不忍剧加其罪，只以"纵爱逆子"、"辜负圣眷"之过，令其致仕退休，罢相还乡。圣谕云：

嵩小心忠慎，祗顺天时，力赞玄修，寿君爱国，人所嫉恶，既多年矣。

却一念纵爱悖逆丑子，全不管教，言是听，计是行，不思朕优眷。其致仕去，仍令驰驿，有司岁给禄米一百石资用。疏内有名各犯，锦衣卫逮送镇抚司拷讯。应龙（邹应龙）尽忠言事，当令特嘉，吏礼二部其拟官以闻。（《明世宗实录》卷五〇九）

时至此时，严嵩还在为严世蕃求解。皇帝批驳道："尔力赞玄修二十余年，念此忠勤，已加优处，何又以凶儿渎救？"严嵩惶恐不敢再言。于是法司判决严世蕃流放雷州卫（今属广东），严鹄、罗龙文流放边远卫所；严年禁锢，俟追赃后拟罪；项治元瘐死狱中；潘鸿业充军。特命严鸿从轻治罪，免予充军，削官为民，侍养祖父。

严嵩罢废，朝野雀跃。但嘉靖皇帝心情却十分复杂，甚至有难言的苦衷。他毕竟是陪伴自己二十多年百依百顺的宠臣，尤其是赞理修仙忠勤尽职，今日一旦离去，不免心怀眷恋，惝惝不乐，脾气也变得更为古怪。而且难道"奸相"所为与"圣君"毫无关系？因此，他唯恐群臣乘势追击，进一步揭露严氏误国之罪，有时还流露出反悔之意。一日，忽然向新任首辅徐阶、次辅袁炜提出，他要"传位"，"退居西内，专祈长生"。徐阶等极言不可。他说，既然你们"不欲违背大义人情"，那么必须答应如下条件方可。条件之一，"必天下皆仰奉君命"，像过去严嵩那样共同辅赞"阐玄修仙"；条件之二，严嵩已经罢相，严世蕃已经流放，"敢有再言者，同邹应龙一起俱斩"。徐阶等人只得表示从命。

严嵩父子见皇帝情丝未断，颇存复辟之念。他们秘密向皇帝左右太监、宠妃行贿"各千万金"，嘱托其揭发蓝道行恃宠招权、假称玉皇大帝诏谕等不法行为，于是蓝道行被逮入狱，判为死罪。严嵩党羽刑部侍郎叶镗、鄢懋卿，大理寺卿万寀逼诱蓝道行供认扶乱之语乃与徐阶合谋伪造，蓝道行"有胆有骨"，凛然回答："除贪官自是皇上本意，纠贪罪自是御史本职，何与徐阁老事？"严氏父子釜底抽薪之计虽然破产，但死灰复燃之心未变。嘉靖四十一年八月，严嵩回到南昌，适值"圣诞"（皇帝生日）。为了表示忠心不变，他特在铁柱宫请道士为皇上建醮祈福。次年四月，又向皇帝问安，并进献祈鹤文检

及各宗法秘。皇帝降诏奖谕，并赐银五十两、彩缎四表里。该年九月，严嵩上疏，再次请求皇帝放归严世蕃、严鹄。他奏道："臣年八十有四，惟一子世蕃及孙鹄俱赴戍所，在千里之外。臣一旦先狗马、填沟壑，谁可托以后事？惟陛下哀其无告，特赐放归，终臣余年。"因先已降恩令其孙严鸿身边侍养，故未准其请。严氏父子的行迹引起人们新的忧虑，担心他们东山再起，回朝复官。

但是重要的是毕竟实现了新旧内阁的嬗递。新任首辅徐阶深知除旧与布新必须兼顾。他抓住时机，对严嵩党羽加以清洗，并酝酿步骤准备对严氏父子再作一次毁灭性的打击。侍郎叶镗、侍郎鄢懋卿、大理寺卿万寀、侍郎刘伯跃、侍郎何迁、通政胡汝霖、光禄寺少卿白启常、巡抚张雨、按察使袁应枢、谕德唐汝楫、太常寺卿王材、总督胡宗宪等先后罢官。同时又在嘉靖皇帝允许的范围内，对朝政进行某些改良。他"尽反嵩政，务收人心"，"天下骎骎（骎骎，迅速）然有向治之渐"。皇帝把前任首辅的值庐赐给他，他书写了这样三句话悬挂在值庐的墙壁上，宣告了自己新的执政方针："以威福还主上，以政务还诸司，以用舍刑赏还公论。"并且提出"事同众则公，公则百美基；专己则私，私则百弊生"的与阁臣共事原则。新宰相执政之初，给人留下开明、廉洁的良好印象，因此"天下翕然（翕然，一致）想望风采"，以"名相"誉之。

五 南还

嘉靖四十一年五月十九日，皇帝诏令严嵩罢相，退休还乡。这意味着，不仅他曾经稳坐二十几年的内阁朝房、西苑值庐再不准其出入，即使他生活了四十几年的京城也不容其再居住下去。

六月二日清晨，威严的京都还笼罩在灰雾之中。八十三岁的严嵩，老态龙钟，泪沾衣襟，告别送行的同僚，由广渠门东行，经运河南下。

沧海桑田，云谲波诡。昔日是何等的威风、荣耀？今日又是何等的狼狈、潦倒？他怎能不悲怆、怅惘？他曾经陷害过许多人，使他们丢官、入狱、杀头，那时他为自己的淫威而骄傲；现在轮到本人败落，才体会到"世路险艰"，"人事难期"。他在执掌朝政之前，曾是一位颇负盛誉的诗人；权力失落之后，似乎又恢复了诗人的气质，在南还途中写下不少饱含真情实意的诗篇，结集为《南还稿》，把一切伤感都倾注于其中。

经过两个月的长途跋涉，回到久别的故乡。他感到慰藉的是，虽然首辅之职被撤，但依然保留官籍，仍是区别于百姓的官绅。而且皇帝赐给每年禄米一百石，为此他将回乡后的居室命名为"百禄堂"；此外在南昌、宜春都坐落有御笔题赐匾额的楼堂亭阁。它们都是皇恩的象征，时刻都在向士民显示退休宰相的尊荣和威慑力。宜春府第建成于嘉靖二十二年，皇帝赐名"忠弼堂"；南昌府第建成于三十八年，皇帝赐名"耆德堂"。那时严嵩身在京城，一直没有住过，至此始获入居，心中别有一番滋味。

"天外远峰浓似黛，沙边澄水碧于苔。"宜春山川明秀，严嵩尽可以在这里潜形息影，淡泊静寂，做一名隐士；抑或游山玩水，酩酊歌赋，当一个诗翁。如果是这样，他或许还可以保全身家，老有所终。但是他偏偏不甘寂寞，依然处处摆出宰相的威风。地方官府小有违意，便呼唤家人备船，声言"我且入京面奏"。民众控告严府横暴欺压，袁州府不敢受理，讼状呈送严嵩，严嵩怒而不理。尤其是对逆子严世蕃继续纵容包庇，终于酿成更大的灾祸。

严世蕃并未遵照判决前赴雷州戍所充军。他仅在广东北部的南雄住了两个月，便潜回原籍。逃回之后，怙恶不悛，无所不为，"大治私第，役使乡众"。他的同党罗龙文也从浔州（今广西桂平）戍所逃回。罗龙文，徽州（今属安徽）人，家资富厚。与总督胡宗宪同乡，召为幕僚。与倭寇首领王直姻亲，受命出海招降。后经胡宗宪引荐，成为严世蕃心腹，得官内阁制敕房中书舍人。他从戍所逃回后，潜住歙县，藏匿亡命，并往来袁州，与严世蕃计事。

袁州府推官郭谏臣到严府公干，严府千余工匠正在修建园亭，监工家奴对他戏弄笑傲，并且有人向他投掷瓦砾。于是郭谏臣便收集严府侵占、强暴诸事，而以"聚众练兵谋反"向巡江御史林润报告。

林润，字若雨，福建莆田人，嘉靖三十五年进士，升御史，以敢于直言闻名朝野。他接到郭谏臣的告发后，立即驰疏奏报朝廷。他在奏疏中说，严世蕃、罗龙文"不自悔恨，反怀怨望"，蔑视国法，不赴戍所，"江洋盗贼"多入二人之家。罗龙文"召集恶少，出入靡常"，"有负险不臣之志"。严世蕃家居不法，"愈肆凶顽，暴横乡里，不异其在朝"，"或肆讪毁，或纵淫乐，或夺人财产，乡里讼冤官司，动以百计"，与罗龙文"诽谤时政，动摇人心"，最近又假借建造府第为名，聚众至四千余人，人们纷纷传言，"两人通倭，变且不测"。"以世蕃之逆，济以龙文之险，踪迹莫测，祸机所伏"，请将其逮至京师，"早正刑章，以绝祸本"。

林润所劾严世蕃之罪与邹应龙所劾重点有所不同。邹应龙强调的是经济上的贪贿，而林润强调的则是政治上的"谋反"、"谋逆"、"谋叛"。后者不仅最能激起圣怒，而且在法律上皆属不赦死罪。

嘉靖四十三年十一月，皇帝御批速将严世蕃、罗龙文拿来问罪。其时严世蕃之子锦衣卫指挥严绍庭尚在北京，闻讯急速派遣家人通报严嵩、严世蕃，只二十余日即赶至袁州。严世蕃得报，欲潜回戍所，终被林润捕获。囚车所经之地，民众闻风聚观，欢呼鼓舞，"若出于阳火之中而跻于春台之上，莫不举手加额"。

严世蕃、罗龙文逮至京师之后，林润依据袁州府提供的材料再次上疏历数严氏父子在乡里的诸般"奢僭淫虐"之罪，作为对前次奏疏的补充。主要内容有以下几项：第一，严世蕃认定省会南昌官府仓库之地有"王气"，遂将库房全部拆毁，在库基之上建造殿堂，"巍然朝堂之规模也"。为修此宅，还吞并亲王府第和平民房屋，开凿穿行城区的湖池，"以像西海"。在袁州府城宜春同样侵占官地，夺取民宅，营建府第，"廊房回绕万间，店舍环垣数里"，"森然分封之仪度也"，扬扬夸于众曰，"朝廷有我富乎"？"朝廷有我乐乎"？第二，"畜养家丁已逾二千，招纳亡叛更倍其数。以造房为名而聚四千之众，以防盗为名而募数千之兵"。纵使家丁奴仆出没远近，劫掠财物，夺人田地，抢夺妇女，白昼行凶，昏夜杀人。第三，伊王朱典楧图谋不轨，而"阴结于内者，实世蕃也"。严嵩在朝时，严世蕃受其贿金十余万两，"而主其谋"。严氏败落，朱典楧之望已绝，派遣乐工三十余人来袁州倒赃。严氏偿还二万，令之以去，行至吉安，全部被严世蕃杀害。第四，严嵩亦不能逃其罪责。严世蕃从戍所逃回后，严嵩不仅将其容留在家，而且蒙蔽视听，为其奏请放归。圣旨不允，藏匿如故。近日奉旨捉拿严世蕃，严嵩又令其潜遁，并且亲自吩咐兵备道官员用谎言欺蒙朝廷。

皇帝接到林润奏疏，即命三法司审讯定罪。

六 可悲的结局

在监狱中的严世蕃，对前途仍怀着幻想。他以为凭着昔日的余威和自己的计谋完全可能转危为安，因此得意地拍着手说："任他燎原火，自有倒海水。"他召集党徒策划，认为自己罪行中的"贿"字已是无法掩盖，但此"非皇上所深恶"；而"聚众谋反"、"通倭"之说最为可怕，必须设法从罪状上删去。为了金蝉脱壳，他设计了这样一条激怒皇上的诡计，即设法使三法司在拟写罪状时把迫害杨继盛、沈炼致死的内容摆在重要地位。之所以要这样做是因为，杨继盛之死的主罪"诈传亲王令旨"乃出自皇帝"特旨"；沈炼被杀，乃由严党杨顺将其姓名窜入白莲教罪案之中，皇帝漫不省览，"泛旨"处斩。皇帝自谓"英明"，岂肯自引为过？因此必将怀疑三法司欲借严氏之案而归过于圣上，从而把愤怒由严氏父子转移到朝廷主事之臣。这样严世蕃便可出狱而归，甚至会因此而引起皇帝对严嵩的怀念，"别有恩命，未为可知"。严世蕃党徒按计行事，四出宣扬，制造舆论。

负责审理此案的刑部尚书黄光升、都御史张永明、大理寺卿张守直果然中计。他们将草拟的写有杨继盛、沈炼内容的严世蕃罪状拿给首辅徐阶裁定。徐阶早已探明一切，但却故作不知，神秘地问："诸君谓严公子当死乎，生乎？"三人回答："死不足赎！"徐阶又问：那么按照你们所拟的罪案，"将杀之乎，生之乎？"三人回答：写入杨、沈之事，正是为了要他死。徐阶连连摇头说："别自有说。"然后将严世蕃的阴谋向他们作了透彻剖析，指出若按此写法，"上必震怒，当事者皆不免，严公子骑款段（款段，马行迟缓貌）出都门矣"。三人愕然，请教修改之策。徐阶提出，奏本"当以原疏（林润奏疏）为主，而阐发聚众本谋，以试上意"，而且不可迟疑，稍迟"事且变"。黄光升等共推徐阶执笔主稿。徐阶笑了笑，从袖筒中抽出一份早已拟好的底稿，炫耀说："拟议久矣！诸公以为何如？"三人唯唯称善。于是唤来吏员，锁上房门，立即誊清，三人用印封进。经过一番密谋，一份致严世蕃死罪的判决书从徐相府递出。

正当徐阶运筹帷幄、巧设机关之时，严嵩托杨豫孙、范惟丕给他送来重金，请求营救。杨、范乃徐阶得意谋客。徐阶欲拒礼不受，二人劝说道："公若不受，彼将疑公，受之以释其疑可也。"徐阶收了财礼之后，态度有些动摇，欲出面周旋，免严世蕃一死。这时二人又劝道：如若他得以免死，人们将会怀疑您接受了他的贿金，"杀之以绝众疑可也"。徐阶恍然而悟，再想一想最近皇帝说过的厌恶严嵩的话，必杀严世蕃之志始坚。嘉靖四十四年三月的一天，皇帝对他讲："嵩专政二十年，我常谓彼公诚，却不识其欺君肆诳而畏恶子逆物，可怒！"有了皇帝这样的态度，徐阶尽可以大胆做去。严嵩既然可以冤杀宰相夏言，我为何不可为国锄掉他的恶子？

经过徐阶改定的三法司严世蕃狱词，除历数其贪赃枉法、荼毒百姓、僭越奢侈、败坏朝政等罪状外，还特别强调了其聚众"谋反"、"谋逆"及"勾通倭寇、北虏"的"谋叛"（叛国）罪，提出构成严世蕃的死罪很多，而尤以诽谤皇上为大逆不道，故应比照"子骂父"律处斩，并追没赃银。

严世蕃的逆情如此严重，嘉靖皇帝感到十分震惊，命令三法司核实之后再行处决。徐阶接到圣旨，急出长安门。三法司官员早已在门外候旨，徐阶向他们"略问数语"，即"速至私第"，起草答疏。疏中极言"事已勘实"，"其交通倭虏，潜谋叛逆具有显证，前拟未尽其辜，请亟正典刑，以泄天下之愤"。

既然"事已勘实"，"具有显证"，皇帝便于嘉靖四十四年三月二十四日下诏，批准三法司的拟议，以"交通倭虏，潜谋叛逆"为主罪判处严世蕃、罗龙文死刑，立即处斩；严嵩及诸孙皆削官为民；抄没家资；并指出严嵩乃为"逆本"，对法司未拟其罪表示不悦。诏令云：

既会问得实，世蕃、龙文即时处斩。所盗用官银财货家产，令各按臣严拘二犯亲丁尽数追没入官，毋令亲识人等侵匿受寄，违者即时捕治。严嵩畏子欺君，大负恩眷，并其孙见任文武职官，悉削职为民。余党逆邪尽行逐治，毋致贻患。余悉如拟。疏内不言逆本，是何法制？姑不问。（《明世宗实录》卷五四四）

严世蕃、罗龙文闻听死期已至，相抱痛哭，家人请写遗书，竟不能成一字。而京都士民则人心大快，纷纷携酒至西市刑场观看行刑。骄横不可一世的"小丞相"终于授首伏诛，时年五十三岁。接着又对为虎作伥的严府门客、家奴进行审理，清查其蔽隐奸盗、椎埋杀人，及掠夺民田、民宅、子女，侵匿严氏工料银等罪，彭孔、严年等六人判为死罪，严进寿等二十七人流放从军。

《大明律》对死刑有明确的律文规定，但在实际执行时却有很大的随意性。最高统治者为了按照自己的意志处死某人，往往牵强附会，或者虚构罪状，以便使之符合某一死罪条款，而且所定罪名越是惊人，越是罪大恶极越好。徐阶为了杀掉严世蕃，给他定了图谋举兵造反和私通倭寇、北虏的"叛逆"之罪。其实这些罪名是缺乏真凭实据的。严世蕃窃据权柄，私鬻官爵，杀戮忠良，欺压百姓，浊乱国政，败坏边防，耗罄公帑，吸吮民膏，罪恶深重，死有余辜，重治以法，亦不为过。但是执政者不以其实有之罪判刑，而以虚捏之词定罪，这即使是对一个罪大恶极者，也是与法制相违背的。某些史家就曾指出过这一点：严世蕃窃弄国柄，罪不容诛，"按其罪状宜坐'奸党'之条（《大明律》有《奸党》条，为斩刑），岂无可杀哉？乃润（林润）疏指为'谋逆'，法司拟以'谋叛'，悉非正法也"。

该年夏秋，巡按御史成守节等受命前来宜春抄家。严嵩青衣小帽，手拿医书几帙，对成守节说："此集验方也，欲借以送老耳。"成守节问："有刀剑药方否？"严嵩回答："有。"又问："治得杨继盛、沈炼项上创否？"（二人皆因严氏陷害而杀头）严嵩默然。八月，成守节上报抄没严嵩江西家产清单，计黄金三万二千九百余两，白银二百零二万七千余两，此外还有大量的珠宝、古玩、房屋、土地等。与此同时，直隶巡按御史孙丕扬又奉命抄没了严氏北京家产。为严府寄藏财物的原大理寺卿万宷、侍郎鄢懋卿、副使袁应枢、通判章泽、经历熊襄、同知赵濂等皆追赃退物，流放从军。

严嵩已经八十有六。儿子处斩，孙子充军，家产被抄，自己削官为民，沉重的打击对于这位风烛残年的老翁来说是难以承受的。一年以后，嘉靖四十五年四月，他怀着无限的惆怅和哀怨离开了人世。关于严嵩死时的情形，史家有的说，"嵩死时，寄食墓舍，不能具棺椁，亦无吊者"；有的说，"嵩寄死野寺"；有的说，"穷老寄食以死"。严氏后裔纂修的族谱云，宜春严府抄家以后，严嵩回到分宜故里，由孙儿严鸿陪伴住宿介桥村东一座关公庙里，不久贫病而死。不论是"寄食墓舍"，还是"寄死野寺"，都表明严嵩生命的最后时刻是在孑然孤独、困苦凄凉中度过的。

严嵩"无他才略，惟一意媚上，窃权罔利"，执政二十年，除了给国家带来深重灾难之外，对历史的进步没有起过什么推动作用。因此他的悲惨结局实在是咎由自取，正应了那句"多行不义必自毙"的名言。嘉靖、万历年间的陆树声说："分宜（严嵩）机肠满腹，急则嫁祸于人，观其挤贵溪（夏言）于死地，其智计诡矣。卒之子陷大戮，籍录其产，身不能庇一椽，故曰'张机者陷于机，设险者死于险'。"清初修《明史》时，将之列入《奸臣传》。

严嵩集团的败落，是正义对邪恶的胜利。严嵩执政期间，朝政虽然腐败，但仍不乏爱国忧民之士、刚正不阿之臣。他们为了国家、民族、大众的利益，向以严氏父子为代表的腐朽势力进行了前仆后继、不屈不挠、惊心动魄的斗争。杨最、夏言、曾铣、丁汝夔、杨守益、沈炼、杨继盛、朱纨、李默、张经、李天宠、杨允绳等人为之献出了宝贵的生命，至于被廷杖、降职、罢官、削籍、流放、系狱者更是不胜枚举。他们持续不断的正义斗争终于挫败了严氏集团，在一定程度上抑制了朝政腐化的程度，并为隆庆、万历年间高拱、张居正改革开辟了道路，创造了条件。这些志士仁人拯危救难的爱国精神，鼎镬不避的乾坤正气，是中华传统文化精华的一部分。

从严嵩与嘉靖皇帝的关系看，严嵩的败落也有必然性。既柔媚又残毒，既贪财又爱权，这是严嵩品格的特征。而嘉靖皇帝呢？似乎可以这样概括：第一，"威福自操"，"乾纲独断"，他虽深居西苑，修仙倦政，但权柄不移，"大张弛，大封拜，大诛赏，皆出独断，至不可测度"；第二，猜忌多疑；第三，"恩威不测"，"果于刑戮"。而所有这些特点，都来源于树立"英明之主"绝对权力的政治需要。"猜忌之主，喜用柔媚之臣"，严嵩和嘉靖皇帝的品格、政治要求，在一定的条件下可以统一起来，"帝以刚，嵩以柔；帝以骄，嵩以谨；帝以英察，嵩以朴诚；帝以独断，嵩以孤立"，"竟称鱼水"。这时严嵩宠渥有加，虽然弹劾踵至，而不能使皇上醒悟，"帝且谓嵩能附我，我自当怜嵩"。但是在另外的条件下，他们又会发生冲突，乃至导致关系的破裂。这是因为，无论严嵩怎样的善于逢迎献媚，也不可能保证在任何时候、任何事情上都做得符合皇帝的意愿；而且如果无限制地放任严氏父子擅权乱政，贪残误国，那么必将激化社会阶级矛盾和统治阶级内部矛盾，加剧社会危机和外患，从而严重威胁朱氏皇朝的统治，这就决定了在必要的时候，皇帝必然要收回恩宠，而施之以威，治之以罪。因此史家叹曰："宠遇、戮辱，聚于一时，可畏哉！"

第十三章

巨额家资

一 财产构成

严嵩"贵极人臣，富甲天下"。据说严世蕃曾与门客品评天下巨富之家，若以资产积满白银五十万两以上者为头等富户的话，那么全国只有十七家。他们是：严嵩父子、蜀王、黔国公云南沐氏、太监高忠、太监黄锦、成国公朱希忠、魏国公徐鹏举、都督陆炳、太监张永之侄（锦衣卫缇帅）二户、山西商人三户、徽州商人二户、贵州宣慰司土官、贵州安抚司土官。而严氏积资已号称四百万，犹侵吞不止，故有"钱痨"之称。

严世蕃既然已经定为"叛逆"之罪，则其家产皆在抄没之列。再加上严氏之富早已名满域中，因此皇帝抄家之令甚严。严世蕃处决五个月之后，江西巡按御史成守节呈报查抄严氏江西家产，直隶巡按御史孙丕扬呈报查抄严氏北京家产。明代籍没权贵，其富无过于宦官王振、宦官刘瑾、平虏伯江彬、都督钱宁、首辅严嵩、宦官冯保六家。所抄严氏赃银，一半支作边防军费，一半留作官用；金及珍宝、金银首饰、金银器皿、古玩等悉收进皇宫内库；所占官地退还；各种器物变卖；土地、房屋或变卖，或官府收租充作军饷。由于散匿寄藏、当事官员舞弊欺蒙等情，赃银实际进缴之数与呈报之额久久不能吻合，于是严令追征"受寄金银"，以致"株蔓无辜，一省骚扰"。

严氏财富构成主要包括金银、珍宝、书画、土地、房屋、奴仆及各种器物。关于籍没严府家产的情况，明清史籍多有涉及，但以田艺蘅《留青日札》和《天水冰山录》最为翔实。二者所记相同，且与《明世宗实录》相符。因此它们应该成为我们了解严氏家产详细情况的重要史料。

（一）金

金包括净金（金锭、金条、金饼、金叶、沙金、碎金）、金器（纯金器皿、金镶珠宝器皿、金损坏杂色器皿）及各种金首饰等。江西严府抄没金量如下表13—1。

表13—1　　　　　抄没江西严府净金、金器、金首饰数量

品名	数量	单位	备注
净金	13171.65	两	
纯金器皿	3185	件	内有金海水龙壶5件，金龙耳圆杯2件，金龙盘3件
	11033.31	两	
金镶珠宝器皿	367	件	内有龙盘、凤杯、龙壶
	1802.72	两	
金损坏杂色器皿	253	件	
	403.92	两	
金镶珠玉首饰	284	件	内有猫睛6颗，祖母绿2件
	448.51	两	
金镶珠宝首饰	1803	件	内有猫睛20颗，天上长庚、人间寿域等名件
	2792.26	两	
金玉珠宝头箍围髻	21	条	
	99.63	两	
金玉珠宝耳环、耳坠、耳塞	267	对	内有猫睛2颗
	149.83	两	
金镶珠玉宝石项坠、领坠、胸禁等	62	件	
	179.26	两	

续表

品名	数量	单位	备注
金镶珠玉宝簪	309	件	
	92.84	两	
金玉镶嵌珠宝镯钏	105	件	
	420.1	两	
杂色金玉首饰	776	件	内有美人夜游、玲珑掩耳
	949.76	两	
金镶珠玉宝石帽顶	35	个	
	77.17	两	
金镶玉宝条环	208	件	内有海内英雄、五龙玩月、福寿康宁等名件，猫睛20颗
	1113.09	两	
金镶嵌珠宝条钩	68	件	内有猫睛2颗
	235.75	两	
净金、金器皿、金首饰共重	32969.8	两	

北京严府又抄得净金四百八十余两；金珠宝首饰六百五十件，重六百三十四两；金镶玛瑙象牙金玉宝带四十七条。

（二）银

银包括净银、银器皿、银首饰。表13—2是江西严府抄没银量表。

表13—2　　　　江西严府抄没净银、银器、银首饰数量

品名	数量	单位	备注
净银	2013478.9	两	

品名	数量	单位	备注
银器皿	1649	件	内有满地娇银山2座
	13357.35	两	
银嵌宝首饰	628	件	
	253.85	两	
净银、银器皿、银首饰共重	2027090	两	

北京严府又抄没银一万二千六百余两。

（三）珠宝玉器

所抄珠宝玉器甚多，现将重要者列表如下。

表13—3　　　　　江西严府抄没部分珠宝玉器数量

品名	数量	单位	备注
玉器	857	件	内有汉始建国元年注水玉匜、晋永和镇宅世宝紫玉杯、永和镇宅世宝玉盘等名件
	3529.5	两	
金镶玳瑁犀角玛瑙等带	124	条	
金折丝带环等	33	条	内有猫睛2颗
金镶珠钑犀象玳瑁器皿	563	件	
	1331.7	两	
金银镶牙箸	2682	双	
龙卵壶	5	把	
珍珠冠等项	63	顶	
	306.3	两	

品名	数量	单位	备注
珍珠宝石琥珀	260.5	两	
珊瑚犀角象牙等项	69	件	
珍奇玩器	3556	件	
象牙签	85	根	
玉带	202	件	
洪熙宣德古蜊水熊胆空青蔷薇露	13	罐	
矿砂	385	两	
朱砂	250	斤	
檀、沉、降、速等香	5058.10	斤	
奇南香	3	块	
沉香山	4	座	

北京严府又抄没珍珠宝石二十四两五钱，玉石犀角珊瑚象牙器皿三百三十斤，降真等香一千五百三十斤。

（四）字画古玩

书法、名画实为特殊财产，其珍品价值连城。严氏父子"贪残中又带雅趣"，因诸般珍宝盈溢，遂又广搜古今名家书画，"盖姑以免俗且斗侈耳"。凡所欲得，即命巡抚、巡按、提督以势胁迫取之，"至有破家殒命者"。鄢懋卿、胡宗宪、赵文华等"各承奉意旨，搜取古玩不遗余力"。《越王宫殿图》乃杭州丁氏之物，《文会图》乃杭州洪氏之物，胡宗宪皆以数百两银子购得，馈送严氏。胡宗宪等又以一千二百两银子购得《清明上河图》赝品，"以文房清玩致大狱"，蓟辽总督王忬被杀。王忬家藏宋代张择端《清明上河图》，严氏父子出死力强索之。王忬不忍割爱，乃嘱高手临摹应命。严氏得此卷，珍为异宝，后知为赝本，既羞又怒，遂借故杀死王忬。明清之际著名戏剧家李玉所著戏剧传奇《一捧雪》，即以此事为题材。戏中严世蕃以真名出现，莫怀古乃王忬之托名，玉杯"一捧雪"则替代名画《清明上河图》。王世贞，王忬之子，明代著名史学家、文学家，为报杀父之仇，编著戏剧传奇《鸣凤记》，揭露严氏父子的丑恶，歌颂夏言等人的忠义。又有说长篇小说《金瓶梅》也出自王世贞之手，借书中宋代奸相蔡京父子影射、讥刺严氏父子，以报杀父之仇。

据《留青日札》和《天水冰山录》云，江西严府抄得石刻法帖墨迹三百五十八册轴，古今名画刻丝纳纱纸织金绣手卷册叶共三千二百零一轴，古今书籍两千六百一十三册。北京严府抄得图书古画三千六百零五部轴。据文嘉《钤山堂书画记》所载，江西严府收藏了魏、晋、六朝、唐、宋、元及明各代众多书画名家的珍品，仅书法即有钟繇、王羲之、王献之、褚遂良、柳公权、颜真卿、怀素、苏轼、黄庭坚、米芾、文彦博、欧阳修、陆游、赵孟頫、李东阳、祝允明、文征明等大家之作。它们不仅是严氏巨额财富的见证，而且是研究古代书画史的重要资料。文嘉，长洲（今苏州）人，曾任和州（今安徽和县）学正，能诗，善书画篆刻，明代著名书画家文征明之次子。嘉靖四十四年五月至八月，以专门家的身份受命参加清理、鉴别江西严府书画，隆庆二年撰成《钤山堂书画记》。该书详列所见书画名称，并对其真伪、艺术价值、收藏情况等作了考证和叙述。他在《后记》中说：

嘉靖乙丑（四十四年）五月，提学宾涯何公檄余往阅官籍严氏书画。凡分宜之旧宅，袁州之新宅，省城诸新宅所藏尽发以观，历三阅月始勉毕事。当时漫记数目以呈，不暇详别，今日偶理旧箧得之，重录一过，稍为区分，随笔笔记一二。传诸好事，明窗净几，时一展阅，恍然神游于金题玉躞（金题，书画的题签；玉躞，以象牙或玉制成的书画轴）间也。

现据《钤山堂书画记》将江西严府书画收藏情况制成表13—4、13—5。

表13—4 　　　　　　　　　　江西严府抄没书法作品一览

朝代	作者	书法作品
魏	钟繇	戎路兼行、荐关内侯季直表
	王羲之	眠食帖、此事帖、里鱼乍帖、思想帖、月半帖、大热帖、黄素黄庭内景经
晋	王献之	鸭头丸帖、奉书帖
	索靖	出师颂
六朝	陈大建	真草千文
唐	虞世南	夫子庙堂碑
	欧阳询	千文
		唐人双钩十七帖
	赵模集	晋字千文
	褚遂良	儿宽赞
	柳公权	小楷度人经
	颜真卿	书朱巨川诰、送刘太冲序、送裴将军诗、争坐位帖
	孙过庭	书谱
	林藻	深慰帖
	李怀琳	绝交书
	吴通微	千字文
	张旭	春草帖
	怀素	自叙帖、绢本草书千字文
		盛唐墨宝
	钟绍京	墨迹
	韦庄	借书帖

续表

朝代	作者	书法作品
宋	徽宗	书女史箴、大字诗
	高宗	书度人经、临禊帖
	蔡襄	进御师表、茶录、小简
	苏轼	亲书前赤壁赋、小楷芙蓉城诗、大字书渊明饮酒诗、简帖、九歌、赤壁前后二赋、长公真迹、践陈氏家教
	黄庭坚	诸上座帖、松风阁帖、百字令、懒残和尚歌、山谷墨迹、伏波神祠诗、山谷草书、山谷千字文、文节墨翰、黄太史真迹、山谷真迹、山谷遗笔、黄庭坚墨迹卷、草书
	米芾	天马赋、草书九帖、易说、手简、金山赋、大字诗、茶歌、蔡苏黄米、苏黄米卷、苏黄米墨妙、苏黄米蔡墨迹、宋四大家书
	文彦博	文彦博真迹
	欧阳修	欧阳修真迹
	陆游	陆游词翰
	朱熹	朱子和张敬夫诗、小简
	张即之	大字诗
	释静宾	百咏梅花诗
		晋唐宋墨迹、唐宋墨迹、集宋名笔
		藏经
元	赵孟頫	六体千字文、三体千字文、千字文、行书千字文、写绝交书、临十七帖、临兰亭、补唐人不全帖、小楷洞玉经、心经、书右军四事、临东方塑画像赞、洛神赋、临洛神十三行、常清净经、写渊明诗、亲笔寿乐堂记、慧聚寺藏殿记、金书道德经、金书金丹诀、大字四言诗、文敏真迹
	赵雍	篆书千字文
	冯海粟	字
	钱良右	书小字麻姑坛记
	钱逵	篆书黄庭经
	郑元祐	游仙诗
	段天祐	临十七帖
	俞和	书白石续书谱

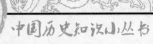

续表

朝代	作者	书法作品
明	宋克	书陶渊明诗
	解缙	名贤翰墨
	沈度	圣学心法序
	李东阳	草书诗、春兴八首、西涯墨迹、西涯诗字
	乔宇	诗字
	祝允明	秋兴八首、文赋、草书枝山翁卷、枝山字
	徐霖	篆书赤壁赋
	文征明	词翰、诗卷、翰林诗字、杂诗、太史诗、诗字、离骚九歌、千字文

表13—5　　　　　　　　　　**江西严府抄没名画一览**

朝代	作者	画名
晋	顾恺之	卫索像
		晋人画张茂先女史箴图
六朝	陆探微	道相图
	展子虔	游春图
唐	吴道子	观音变相图
	李思训	海天落照图
	李昭道	洛神图、春山图、明皇幸蜀图、明皇游月宫图、汉文帝幸细柳营图、醉道图、十八学士图
	阎立本	职贡图、两旅献獒图
	王维	三峡图、雪溪图、辋川图、写伏生像
		摩诘本辋川图
	韩滉	晋公演乐图、移家图

朝代	作者	画名
唐	卢鸿	草堂十志图
	周昉	醉妃图、白描过海罗汉
	韩干	圉人呈马图、马性图、马图
	胡虔	番族图
	胡瓌	番马图
	(唐人杂画)	捕鱼图、群龙云会图、九龙图
五代	支仲元	三仙图
	顾闳中	韩熙载夜宴图
	黄筌	百雁图
宋	徽宗	秋禽图、果篮图、翎毛图、荔枝图、草虫图
	周文矩	文会图、倦绣诗意图、十八学士图
	王齐翰	勘书图
	张择端	清明上河图、烟雨风雪图
	文同	细竹图
	苏东坡	木石图
	李公麟	孝经图、龙眠山庄图、辋川图、九歌图、洛神赋图、女史箴图、草堂图、莲社图、明皇演乐图、忠节图、西园雅集图、摹顾恺之斲瑟图、明皇醉归图、江山万里图、汴桥会盟图、白描罗汉图、海会图、百马图
	李成	盘车图、渔乐图、山水图、塞鸦图
	董源	山川图
	范宽	关山雪渡图、万里江山图
	郭熙	山水图、江山万里图
	米南宫	研山图、春山烟霭图
	米元晖	大姚村图

朝代	作者	画名
宋	赵大年	春禽图、江乡雪意图
	郭忠恕	钓鳌图、越王宫殿图
	王诜	烟江叠嶂图
	杨补之	墨竹图
	苏汉臣	货郎图
	赵伯骕	桃源图
	赵士遵	溪山深秀图
	赵伯驹	后赤壁图、文会图、桃源图、鸟雀图、青绿山水图、孟明归秦图
	贾师古	归去来图
	李唐	长江雪霁图、独钓归庄图、虎溪三笑图、香山九老图、高逸图
	李潼川	下蜀图
	马远	孝经图、四景图、柳塘聚禽图、女孝经图
	夏珪	溪山无尽图、溪山奇观图、山川钟秀图、山水图
	马和之	唐风十二图、毛诗图、国风图、甫田十篇图、小雅六篇图
	陈居中	胡笳图、百马图、志公像
	阎次平	溪山深秀图
	肖照	中兴瑞应图
	刘松年	西湖图、九老图、宫蚕图、阳关图、出塞图
	李嵩	工作图
	赵芾	江山万里图
	李迪	百犬图
	（宋人杂画）	花鸟图、八阛图、宋绣龙舟争标图、晋文春秋图、獐图、明皇马上击球图、明皇太真对弈图、白描佛像、董宁传图、柳塘飞鹭图、小雪图、百灵效顺图

续表

朝代	作者	画名
元	赵子昂	五马图、十马图、白描太真上马图、幼舆山壑图、人物图、浅襄马图、秋浦征鸿图、妇织图、题梅花图、墨梅图、写渊明归去来图、烟江叠嶂图
	管仲姬	竹图
	赵子固	兰蕙图、水仙花图
	赵仲穆	西戎献马图、百马图、二马图、凤头骢马图
	王振鹏	金明池图
	钱舜举	青山白雪图、汉宫春晓图、人物图、杨妃上马图、授剑图、石勒参禅图、秋江渔隐图
	龚翠岩	钟馗嫁妹图
	赵元初	关山胜概图、白描兰亭图
	盛子昭	吹箫图
	汤叔雅	霜入千林图
	王若水	竹雀图、花鸟图
	郑所南	兰花图
	温日观	葡萄图
	黄大痴	山水图、天池石壁图
	高尚书	夜山图
	任月山	马图、百马图、松鼠图
	李息斋	竹图
	梅道人	竹图、真迹诗画、溪山图、竹谱、渔父图
	王叔明	溪山逸趣图
	孟玉涧	释像
	孟玉潭	商山四皓图、吴闲闲像、莫月鼎像、鲜于枢诗画
	（元人杂画）	松竹墨雁图、靖节图、太真上马图、十八学士游春图、罗汉图、白描佛像、白描罗汉图、白描过海罗汉图、松竹梅图、文姬归汉图、明皇幸蜀图、杨妃出游图、击壤图、齐人图、公余闲赏图

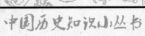
朝代	作者	画名
明	戴文进	山水图、江村雪霁图、山水人物图、手卷山水图、溪山长卷、江山清趣图
	李在	水墨山水戏笔
	边景昭	翎毛图
	孙隆	百鸟朝凰图
	颜宗	江山万里图
	顾仲颎	雪梅图
	吴小仙	白描人物图、神仙图、儒礼禅宗图
	杜古狂	韩熙载夜宴图、南宫雅致图、云湖栖居诗画卷
	夏仲昭	嶰谷清风图
	沈石田	剑阁图、墨花图、写韩文公画记、溪山暮雪图、万山飞雪图、松谱图、山水手卷、雪景图、墨妙八家、吴中佳胜十景、溪山秋色图、溪山雪霁图、万松图、遇雨图、千古高风图
	文衡山	天池祓禊图、诗画、赤壁前后赋图、水墨云山图、四时渔乐图、石湖诗画、醉翁亭记并图、写竹并题
	陈白阳	山水图、青山白云图、花枝图、百花卷、四季花图、洛阳春色图、赤壁赋图、真迹诗画、牡丹图
	唐子畏	兰亭图
	陆包山	花草卷
	王谷祥	荷花图、水仙花图
	仇十洲	汉宫春晓图、子虚上林二赋图
	沈青门	花草图
	陈子正	四时花卉图、眠云花卉图
	袁孟德	万山风雪图
	（明人杂画）	千斛明珠图、神京八景图、武林十景图、造化元机图、仙弈图、江山一瞬图、溪山图、玉台遗韵、江南夜宴图、三呼张真人图篆、瑞应图、五岳真形图、桃李园图、九龙图、西园秋雨图、人物花草图、吴中佳山水图、瓜瓞绵延图、美人戏婴图、契丹纳款图、寿乐亭诗画、珍蔬三昧图、东封日观图、玉衡呈瑞图、清玩、霓裳舞图、尧民击壤图、墨竹图、小景
		名人诗画扇面

这些稀世珍品皆被抄入皇家内府。隆庆初年，朝廷财政拮据，将其大半作价充当武官俸禄，成国公朱希忠所得最多。万历初年，朱希忠逝世，其家将所得严氏精品馈赠宰相张居正，因而得以晋封为定襄王。张居正逝世后，家产亦被抄没，所藏严氏书画再次籍入内府，后来被掌印太监盗出售卖，一时好事者争相抢购。这些艺术瑰宝"终于流落人间，每从豪家展玩，辄为低回掩卷焉"。抄没严府时，在书画上皆加盖袁州府经历司半印；抄没张府时，又加盖荆州府经历司半印，因此"今卷轴中，有两府半印并钤于首幅"。为适应人们的好奇心理，古董商们每"伪作半印，以欺耳食之徒"，"赝迹百出，又不可问矣"。

除字画外，严府还藏有大量珍贵的古代器物。如江西严府抄没名琴五十四张，内有月下水玉琴、咸通之宝、清庙之音等名件；古砚十六方，内有未央宫瓦砚、铜雀瓦砚、唐天策府砚、贞观上苑砚、苏东坡天成砚等名件；大理石螺钿玳瑁床十七张；古铜器一千一百二十七件等。

（五） 土地

严氏拥有大量土地，主要分布在袁州、南京、扬州、仪真和北京。据林润所言"今袁州一府四县之田，七在严而三在民"，这是概而言之，是说袁州府的绝大部分土地皆归严府所有。据《袁州府志》所载，其时袁州府四县民田共一百六十万余亩，若按十分之七匡算，则严氏土地当有一百一十二万余亩。这应该既包括严府登入版籍的土地，也包括大量的同族、亲友、百姓为逃避官府赋役而向严府投献、诡寄的土地。严府抄家后，将其土地中的二万七千余亩折价变卖，价银上缴国库；其余田地、店房亦收归官有，由官府出租、出赁，所入充作军饷。

南京、扬州、仪真的土地，据邹应龙云，"用强夺买人田产数十处，每处价可数千金"。如果按照明中期江南比较肥沃土地的一般价格每亩银十两计算的话，那么"每处价可数千金"，则当有土地数百亩；而"数十处"，则当有土地上万亩，甚至还要多些。严府抄家后，南京、扬州地区的宅院由官府变卖；强夺之民田退还原主。

在北京的土地，据《留青日札》云，北京严府抄没"地一百五十余所亩"。由于每所庄田土地数量不明，因此其总量难以估算。

严氏以上三个地区的田地山塘总量估计百万亩左右，在明代官绅地主中可谓名列前茅。

（六）房屋

严氏在北京、南昌、宜春、分宜、萍乡、扬州都有规模宏大的府第。京师相府"跨三四坊，甲第十余所"。严嵩做礼部尚书以前，寓居于京城之西四里一处住所。升任礼部尚书、入值西苑以后，住宅骤然改观。嘉靖十八年买下西长安街一座古老而又广阔的宅院，由其子严世蕃督理翻新。这所宅第已几易其主。大学士毛纪、谢迁、费宏都曾"相沿以为居第"，现在又归礼部尚书严嵩所有。严嵩成为这所宅第的新主人之后，将其堂舍分别命名为"日鉴堂"、"思勉堂"、"爱贤堂"等。关于"思勉堂"的来历，严嵩叙述说，嘉靖十八年九月廿八日，皇上召见翊国公郭勋、成国公朱希忠、京山侯崔元、首辅夏言、大学士顾鼎臣、礼部尚书严嵩。召对完毕，令其他五臣退去，独留严嵩安慰说："卿勉尽忠诚，人言勿以介意，只要尽职。"其时言路正对严嵩接受译字生贿赂等丑事攻之甚力，皇上特对其"庇护保全，恩眷愈厚"。严嵩感恩戴德，"是思惟忠惟诚，勉尽职业，图报于万一"，故恭录圣谕，藏之于堂，并命其堂曰"思勉"。

随着权势的增长，严氏西长安街府第也在不断扩展。嘉靖三十八年八月，扩建完工，皇帝赐其正堂名曰"忠正"，命工部制匾悬挂。宅中有湖，周围十余亩，"列植垂杨、桃杏之属，于堤中蓄鱼"。严世蕃每俟其父由西苑侍值回府，就会邀请徐阶、李本二相，成国公朱希忠兄弟及锦衣卫都督陆炳"编张褐盖，纵声乐为宴饮，使渔师打网以为乐"。严嵩败落后，张居正"仅得其中大第、一园及兹池而已"。严氏京城府第除西长安街者外，在戎府街等地还有宅院。严氏抄家，北京共籍没房屋一千七百余间所，内有雕刻香十间。

宜春府第。从嘉靖十九年夏季开始，严嵩又在原籍江西袁州府府城宜春大兴土木，建造宅第，历时三年方告竣工。这座建筑以袁州府官仓地基为中心向四外延伸，占用官地，搬迁民房，建楼构堂，开圃造园，甚是恢弘壮丽。嘉靖二十二年四五月间，工程完工，皇帝赐其正堂名曰"忠弼"，收藏"钦赐御翰"之楼名曰"琼翰流辉"，安放"玄像"之屋名曰"敕系延恩之阁"，"以黄帖一，手书赐之"。此时正是严嵩初次挤走夏言、位跻首辅之时。京师长安西街，宜春袁山之麓，两座相府遥相辉映，颇为新任宰相平添几分威严。大概是由于过分喜爱，有关这座府第，严嵩留下不少文字。生活在今天的人们甚至会对严氏拥有那么多房屋难以置信，但是只要读一读严嵩本人的有关诗文，疑团便可豁然而释。

据《天水冰山录》载，这座府第称"旧大府第"，此外在宜春还有"新府第"、"东府第"、"南府第"、"北府第"和其他宅第房屋。抄没后，一部分收归官用，一部分作价变卖，变卖部分共十九所三千三百四十三间。

在原籍，除宜春外，分宜县城内外严氏宅第房店作价变卖者二十所一千六百二十四间；省城南昌及南昌府各县严氏宅第楼铺变卖十二所一千六百八十间。嘉靖三十八年三月，皇帝赐其南昌府第楼名"宝翰"，堂名"耆德"，命工部制匾悬安。

皇帝的御翰、严嵩的苦心都未能使严氏在这豪华的府第世代居住下去。严氏败落，北京抄没房屋一千七百余间所；江西各处宅第房店全部抄没，其中折价变卖六千六百余间又五十七所，共价银八万六千三百五十两。严嵩在憩志园中安度垂暮的设计终成一枕黄粱，不得不寄宿于村郊墓舍，身不能庇一椽，凄凉而死。

（七） 其他财物

纺织品、被服、家具、牲畜、船轿、粮食等财物难以枚举。江西抄没大量缎、绢、罗、纱、绸、绒、锦、绫、葛、布等物，其中有织金妆花缎、大红妆花五爪云龙过肩缎、西洋铁色褐、宋锦、西洋红白棉布等名品。江西变卖绸绢布匹二万七千四百余匹，估价一万五千余两；变卖帐幔被褥二万一千四百余件，估价二千二百余两。在拍卖时，"所估价又不过十之一"。北京抄没织金妆花衣服翠物即达二百一十三箱。

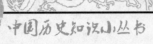

（八） 奴婢

奴婢没有人身自由，是主人可以随意支配的私家财产。明中叶以后，"缙绅之家，率以田庐仆从相雄长"，畜奴成风。严氏奴仆的准确数字亦难说清。据说京师严府"所畜家人五百余名"。宜春严府，嘉靖三十年前后有"苍头千余"；到四十四年林润参劾严嵩时，则云养家丁已逾二千，纳亡叛更倍其数。这数量众多的奴仆为严氏从事着繁重的家务劳役和生产劳役。

当人们乍一看到籍没严氏家产的清单时，会被惊得目瞪口呆，以致不敢相信这是真的。然而这毕竟是历史事实。严府不仅田连阡陌，甲第连云，奴仆成群，而且拥有巨额金银和价值难以估量的珠宝、玉器、书法、名画及古代器物等。这正是这位身居相位二十余载的大官绅地主区别于一般地主的地方。这一特色又与我们将要叙述的严氏财富的来源直接相关。

二 家资的来源

严嵩"起家寒素"，原非望族。其曾祖、祖父、父亲都没有功名，家境清寒。即使在他考中进士以后，由于离官家居，家境仍很萧条。然而自从他升任礼部尚书，特别是位居宰辅之后，在二三十年的时间内便由寒门而一跃富甲全国。其原因何在？生财之道何为？说来既玄妙又简单，即政治权力转化为物质财富。"由贵而富"是那时士大夫阶层所走的共同道路，而尤以严嵩最为典型。

俸禄、赐给、兼并土地、贪污受贿是其家产的主要来源，而又以贪污受贿所占比重最大。

（一） 俸禄

严嵩入阁以后，不同年份，正支、兼支俸禄不同。嘉靖二十三年至二十七年，年俸禄米共一千零八十石；嘉靖二十七年至三十六年，一千二百三十六石；嘉靖三十六年至三十八年，一千七百七十六石；嘉靖三十八年至三十九年，一千二百石；嘉靖三十九年至四十一年，一千四百石；嘉靖四十一年三月至五月，一千五百石。严嵩之子严世蕃及诸孙也都按职支俸。如果我们选取比较适中的年份概算，那么严氏祖孙三代年俸可共达三千石左右，这与其他中下级官员相比，是很高的。明代田赋率变动不一，若按一般情况民田每亩征赋五升计算，则三千石，相当于国家在六万亩民田上征收的税粮。

严氏俸禄相对量虽然很高，但它在严氏家资中并不占重要地位，也不是由寒门而骤富的主要经济来源。如果按照每亩收租一石概算，严氏祖孙三千石年俸相当于三千亩土地的地租收入，而这与严府百万亩土地的地租收入相较，简直是小巫见大巫。当时官员俸米折银一般是按照每石七钱折算，如果按此比价将严氏祖孙三千石年俸全部折成白银仅得二千一百两。假设这些银两丝毫也不用于消费而全部积蓄起来，则十年才积累二万一千两，一百年才积累二十一万两，一千年才积累二百一十万两。可见严府的数百万家资绝不可能靠俸禄聚积起来。其实严氏父子卖给项治元一个吏部稽勋司主事的官位，转手之间即得银一万三千两，相当其祖孙五年左右的全部俸禄。赵文华自江浙督师还京，馈送严世蕃白银二万两及金丝床帐、金翠髻妆等物，严世蕃"犹以为薄"。这份"薄礼"又相当严氏祖孙十多年的俸禄。伊王朱典楧向其行贿十万两，咸宁侯仇鸾向其行贿数万两，受贿与俸禄相差之悬殊，更是惊人！

明代官员俸禄定额较低，因此若单凭薪俸发家致富是不可能的。由于俸禄较低，那些清廉自持之士甚至靠借贷度日，或为官一世而"有寒士所不堪者"。这从另一个方面证明了俸禄在严氏巨额家资的形成中所起的作用实在是微弱的。

（二）　赏赐

嘉靖皇帝对议礼改制、赞玄撰文、兴造土木以及军国重事有功之臣经常给予赏赐。严嵩受赐尤多，成为一项经济来源。据严嵩本人《历官表奏》、《钤山堂集》及官修《实录》所见，从嘉靖十五年升任礼部尚书，至三十八年年登八十，严嵩共得皇上赐银千余两。或有疏漏，在所难免，但大体上反映了严嵩受赐银两的规模。这赏赐是相当优渥的，但其数额并不像他自己所宣扬的那样多。他有时将营建宅第等项所用银两，说成是"皇上节年钦赐银两并俸资"。之所以这样说，一方面是为了掩饰贪污受贿丑行；另一方面是为了"导宣皇仁"，邀取更多的宠爱。

（三）　兼并土地

严嵩高祖严孟衡，在正统年间做过四川布政使，但逝世时仅在原籍分宜留下十二三亩土地，五位儿子各分产二亩半。至其祖父、父亲时依然垅亩无

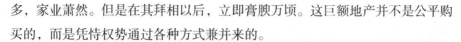

多，家业萧然。但是在其拜相以后，立即膏腴万顷。这巨额地产并不是公平购买的，而是凭恃权势通过各种方式兼并来的。

强占白夺

严府田地、房基中的相当部分是通过经济外的赤裸裸的暴力掠夺而来的。林润在奏章中列举了严府纵使豪奴在袁州地区抢夺农民土地、房基的部分事例。这些土地被严府剥夺后，原主仍要"负累赔粮"，即原来向国家承担的粮差并不过割，仍由原主赔纳。除强占百姓房基外，还侵占官地修建宅第，或官仓，或衙署，或学校，或寺庙，或祠堂，凡其所需，即侵而占之，而且役使乡众为其无偿建造。严府还纵奴明火执仗地抢人财物，夺人妻女。家奴郭宜三等百十余人，出没于湖广、江西之界，公然打家劫舍。

受人投献

严府"膏腴田产，投献地宅，不遑悉数"。林润对其"受人投献而殴伤人命"的掠夺行径也作了揭露。严氏受献土地在文学作品中也有反映。《鸣凤记》第三十一出《陆姑救易》中关于严氏父子密谋强迫易弘器投献三千亩肥田的描写，就艺术地再现了严府广受投献的历史事实。什么是土地"投献"？它是封建等级特权制度的产物。贵族和官绅有赋役优免特权。明中叶以后赋繁役重，农民乃至庶民富户为了躲避国家赋役，便将自家土地无偿地奉献给贵族、官绅，而将自己变成他们的佃户或雇工。接受投献者，在没有任何支付的情况下便得到了土地，这是在虚伪面纱掩饰下的特权者对无权者残酷的超经济掠夺。

用强夺买

所谓"用强夺买"，即依仗权势压价强行购买土地。例如严氏在南京、扬州、仪真等处的数十所庄田即是用这种手段取得的。每处庄田实际值银数千两，而卖主仅得十分之四五，小民"敢怒而不敢言"。

优免粮差

土地"在严（严嵩）则概户优免，在民则独累不胜"。所谓"优免"，即官绅享有的人身和土地对国家免纳粮差的特权，它是官绅等级区别于庶民等级的重要标志。朝廷法律对官绅优免特权作了明确规定，品级越高优免越多。

不仅如此，官绅们还冲破法定权利的界限而按习惯权利行事，因此实际上得到的是全额优免，"田连阡陌而不任分毫徭役"。"优免于此，势必加派于彼"，官绅优免的粮差便转嫁给了庶民百姓。严府万顷土地既有地租收入，又优免粮差，怎能不家业日旺？

（四） 贪污受贿

卖官鬻爵、侵吞军费、纳贿受馈、掠夺土地是政治权力转化为经济收益的最简便、最直接的形式。它无本万利，不需任何投入便可在短期间内由一介寒士而暴发为百万富翁。贪污受贿是严氏巨额家资的主要来源。在严府的财产结构中，之所以金银珠宝、古玩字画、土地房产等占着相当大的比重，多得"骇人听闻"，就是因为它们皆来自卖官、纳贿、受礼、侵吞、科克、掠夺。严府是因官致富、以权发财的典型。

"嵩之纳贿，实自古权奸所未有"。自严嵩升任礼部尚书直至削官为民，贪贿活动贯穿于仕途的始终。从诸生到亲王，从朝臣到边将，无不向其行贿馈送，少者几百两，多者十几万两。正因如此，严氏父子的贪贿丑行一直是言路抨击的焦点。本书许多章节已对此作了具体介绍，故不再赘述。三法司拟定的《严世蕃狱词》中有一段关于其父子贪污罪的叙述，读后即可见其梗概，兹转录如下：

爵赏国家之名器，乃敢鬻之以敛货于己。自中外百司以及九边文武大小将吏岁时致馈，名曰"问安"；凡勘报功罪以及修筑城墙必先科克银两，多则巨万，少亦不下数千，纳世蕃所，名曰"买命"；每遇大选、急选、推升、行取等项，辄遍索重货，择地拣官，巨细不遗，名曰"漏缺"；及已升官履任，即搜索库藏，剥削人民，金帛珍玩，惟所供送，名曰"谢礼"。甚者户部解发各边银两，大半归之世蕃，或未出都而中分，或已抵境而还送，以致士风大坏，边事日非，帑藏空虚，闾阎凋瘁，贻国家祸害迄今数岁未复。曩年逆贼王直勾倭内讧，罪在不宥。直（王直），徽人，与罗龙文姻旧，遂行十万金世蕃所，拟为授官。凶藩典楧（伊王朱典楧），阴翼非分，世蕃纳其重赂，公为护

持。（《明世宗实录》卷五四四）

严氏父子嗜财如命。他们使用各种肮脏的手段聚积了几百万的家资，堪称天下首富。然而历史是无情的。一夜之间，这"钱痨"父子便一位斩首西市，一位沦为饿殍，巨额家产也非为己有。时人感慨道：

国朝辅臣，其资产未有过之者。顾其父子劳神搜括，几竭一生之力，而卒乃归之朝廷，则何益之有？天道冥冥，默为转移，大率类此。（徐学谟《世庙识余录》卷二五）

三 国匮民穷

严氏父子恃权聚财造成了"士风大坏,边事日非,帑藏空虚,闾阎凋瘁"的严重社会后果。

"一人贪戾,天下成风"。严嵩执政一切以"要钱"为准,遂致风气大坏。嘉靖年间是明代官风的重要转折点。封建统治阶级贪欲恶性膨胀,"一味美宫室、广田地、蓄金银、宠嬖幸、多童仆、受投靠、免粮税、结府县、穷宴馈而已"。于是社会财富急剧向少数贵族和官绅手中积聚。

与官绅等级"其官日升,其家日富"形成鲜明对照的是"民财日穷",贫富差距悬殊;"民心日怨",民众怨恨情绪剧增。"政以贿成,官以赂授",大小官吏为了填充无限欲壑,为了筹集买官之钱,便转而"竭民脂膏,剥民皮骨","黎民几何而不困"?由此导致"怨恨满道,含冤无伸,人人思乱,皆欲食严嵩之肉"。

与严府"私藏充溢"形成鲜明对照的是各级官府"府库虚竭"。不仅严氏父子,而且大小官绅竞相与国家争夺土地、人民、财赋,于是形成"私藏富于公帑","私家日富,公室日贫"的局面,酿成朝廷财政危机,严嵩执政的嘉靖年间也是明代财政的重要转折点。明初"百姓充实,府藏衍溢"。正统以后财政虽日渐困乏,但国库仍有储存。至嘉靖中期以后始入不敷出,年年亏空。嘉靖二十八年(1549),太仓库实收银二百九十五万七千一百余两,全年支出银四百一十二万二千七百余两,逆差一百余万两,在明代财政史上第一次大幅度出现亏空,以后有增无减,愈益恶化。嘉靖三十年,诸边军费支出猛增至六百余万两,扣除当年所入二百余万两,尚亏四百余万两。嘉靖三十一年以后，东南对倭之战又起，不仅耗资大，而且由于江南是皇明财富重地，还使国家财源大为缩减。这种"府库虚竭"的困境一直延续到隆庆年间。

为了摆脱财政困境，朝廷不断加赋加役。嘉靖三十年，在原额之上加赋一百一十五万两，名曰"加派"，此乃明代田赋加派之始；此外兵部又有加派养兵银两，工部又有加派料价银两。有的地区加派之数甚至超过常赋原额。嘉靖三十九年，朝廷又提出全面加征赋役之策，诸如田亩加赋、追征逋欠、折色加银、加征盐课、钞关商税、提编均徭、税契民壮、纳银授官、赃罚事例、茶马之征、僧道度牒等，"天下一切应征、应取之数而尽括之"。加赋加役的负担落到了平民百姓乃至庶民富户的身上，给他们带来深深的苦痛。

贪贿成风，军民穷困，直接败坏了边防。"边事之不振，由于军困，军困由于官邪"。督抚将帅"始进不择其才，行赏不论其功，修边筑堡不核其实"，一切以行贿多寡为准，"彼何肯奋身却敌、以钱而买死"？国家军费粮饷"强半赂嵩"，"军士饥疲"，"安得而不弱"？"又安得有折冲之功"？遂致"南征北战殆无宁岁"。

嘉靖、隆庆、万历年间，封建统治阶级中的某些觉悟分子试图以改革拯危救难。为了缓和赋役不均的尖锐矛盾，缓解财政危机，他们提出或在局部地区施行了一定程度的赋役改革。嘉靖中期，大学士桂萼提出了"一条编"赋役新法的设想；应天巡抚欧阳铎在江南推行"征一法"。嘉靖后期，巡按御史潘季驯在广东推行"均平里甲法"；巡按御史庞尚鹏在浙江推行"十段锦法"、"一条鞭法"等。这些个别的局部的改革活动一直继续到隆庆年间，而在万历初年汇集成全面的、雷厉风行的"张居正改革"。张居正改革实际就是针对严嵩执政所酿成的社会弊病的。

农民则与士大夫改革家不同。他们不是"补天"，而是企图用自己的传统斗争方式摧毁腐败统治，争取生存条件。嘉靖年间虽然还没有形成全国性的大规模农民起义，但是中小规模的农民起义却连绵不断。农民反抗斗争的波浪已经冲击到全国统治中心北京。京城饥民充斥，"内外多盗"；造反者在京东州县活动，"贼巢"设在蓟州盘山等处。嘉靖皇帝甚至感到自己的安全已经受到威胁，特命左都督朱希孝率锦衣卫官校入卫西苑，环卫大玄都殿（万寿宫火灾后，嘉靖皇帝暂住于此》四周及西安门；兵部侍郎葛缙率京营兵布列于西苑之外，"以相屏蔽"。可见态势之严峻。

明代嘉靖年间以后，社会呈现出一派十分奇特的景象。一方面商品货币经济空前发展，在经济、社会、思想、文化等领域，近代性因素开始出现，我国古代社会向近代社会转型历程开始起步；另一方面封建政治日益腐败，贫富差距日益扩大，社会矛盾日益加深，形成对社会转型顺利运行的阻力。商品经济繁华与封建政治腐败并存，勾勒出一幅色彩极不协调、反差鲜明的历史画面。从王朝兴亡的角度来看，嘉靖朝实在是明代封建统治政权走向败落的开始。虽然出现了张居正等的改革活动，但改革成果很快便付之东流，封建统治集团日益丧失自我调控能力，又经过七十几年的矛盾积累，朱明王朝遂在李自成、张献忠农民大起义的狂涛中沉没。

结　语

历史是一面镜子。在历史上，那些为国建功、为民造福的人，垂范千秋，鼓舞后人在新的创造历史的征程中奋斗不息；那些祸国殃民者，终究身败名裂，永遭唾弃，并以反面形象给人以儆戒。

严嵩父子贪权贪财，残害忠良，索贿无厌，剥民膏脂，败坏朝政，到头来一个被杀，送了性命；一个削官为民，饿死荒郊，所搜刮的钱财也归之朝廷。史家这样总结了他们留给后人的鉴戒：

不图安社稷，但计肥身家，遂至党同伐异，误国殃民。……纵欲必求多藏，多藏必召厚亡。（严言《天水冰山录序》）

一　明代世系纪年表

庙号	皇帝姓名	年号	陵寝
太祖	朱元璋	洪武元年至三十一年（1368—1398）	孝陵
惠帝	朱允炆	建文元年至四年（1399—1402）	
成祖	朱棣	永乐元年至二十二年（1403—1424）	长陵
仁宗	朱高炽	洪熙元年（1425）	献陵
宣宗	朱瞻基	宣德元年至十年（1426—1435）	景陵
英宗	朱祁镇	正统元年至十四年（1436—1449）	
代宗	朱祁钰	景泰元年至八年（1450—1457）	景泰陵
英宗	朱祁镇	天顺元年至八年（1457—1464）	裕陵
宪宗	朱见深	成化元年至二十三年（1465—1487）	茂陵
孝宗	朱祐樘	弘治元年至十八年（1488—1505）	泰陵
武宗	朱厚照	正德元年至十六年（1506—1521）	康陵
世宗	朱厚熜	嘉靖元年至四十五年（1522—1566）	永陵
穆宗	朱载垕	隆庆元年至六年（1567—1572）	昭陵
神宗	朱翊钧	万历元年至四十八年（1573—1620）	定陵
光宗	朱常洛	泰昌元年（1620）	庆陵
熹宗	朱由校	天启元年至七年（1621—1627）	德陵
思宗	朱由检	崇祯元年至十七年（1628—1644）	思陵

二　基本文献一百种

（一）

严嵩：《南宫奏议》、《历官表奏》、《嘉靖奏对录》、《直庐稿》、《钤山堂集》、《南还稿》

赵文华：《嘉靖平倭祗役纪略》、《赵氏家藏集》

（二）

《明世宗实录》

范守己：《皇明肃皇外史》

支大伦：《皇明永陵编年信史》

沈　越：《皇明嘉隆两朝闻见录》

谭希思：《皇明大政纂要》

沈国元：《皇明从信录》

王世贞：《嘉靖以来内阁首辅传》、《弇山堂别集》、《弇州史料前集、后集》

李　贽：《续藏书》

焦　竑：《国朝献征录》

朱国祯：《皇明史概》

许重熙：《嘉靖以来注略》

吕　毖：《明朝小史》

钱谦益：《列朝诗集小传》

谈　迁：《国榷》

谷应泰：《明史纪事本末》

查继佐：《罪惟录》

张廷玉：《明史》

尹守衡：《明史窃》

夏　燮：《明通鉴》

乾　隆：《袁州府志》

（三）

魏　焕：《皇明九边考》

高　岱：《鸿猷录》

郑　晓：《吾学编》

瞿九思：《万历武功录》

万　表：《海寇议》

茅　坤：《幻剿除徐海本末》

采九德：《倭变事略》

郑若曾：《筹海图编》

严从简：《殊域周咨录》

佚　名：《汪直传》

谢　杰：《虔台倭纂》

佚　名：《嘉靖东南平倭通录》

（四）

《大明律》

《皇明诏令》

《明伦大典》

万　历：《大明会典》

王　圻：《续文献通考》

徐学聚：《国朝典汇》

陈仁锡：《皇明世法录》

(五)

徐开任辑：《明名臣言行录》

肖如松辑：《皇明留台奏议》

张卤辑：《嘉隆疏钞》

陈子龙编：《明经世文编》

乾隆敕编：《明臣奏议》

（六）

夏　言：《夏桂洲文集》

杨　爵：《斛山杨先生遗稿》

沈　炼：《青霞集》

杨继盛：《杨忠愍公全集》

朱　纨：《甓余杂集》

海　瑞：《海瑞集》

徐　阶：《世经堂集》

张居正：《张文忠公全集》

王世贞：《弇州山人四部稿》

李维桢：《大泌山房集》

（七）

张　合：《宙载》

郑　晓：《今言》

田艺衡：《留青日札》

文　嘉：《钤山堂书画记》

佚　名：《天水冰山录》

何良俊：《四友斋丛说》

张　瀚：《松窗梦语》

王士性：《广志绎》

李　诩：《戒庵老人漫笔》

陆树声：《耄余杂识》

李　乐：《见闻杂记》

徐学谟：《世庙识余录》

于慎行：《谷山笔麈》

焦　竑：《玉堂丛语》

姚士粦：《见只编》

余继登：《典故纪闻》

顾起元：《客座赘语》

谢肇淛：《五杂俎》

沈德符：《万历野获编》

张　萱：《西园闻见录》

范守己：《曲郁新闻》

朱国祯：《涌幢小品》

陈伯容：《甘露园短书》

林　烃：《林氏杂记》

范　濂：《云间据目抄》

沈　榜：《宛署杂记》

周玄暐：《泾林续记》

冯梦龙：《古今谭概》

黄景昉：《国史唯疑》

徐树丕：《识小录》

刘若愚：《酌中志》

梁维枢：《玉剑尊闻》

谈　迁：《枣林杂俎》

叶梦珠：《阅世编》

朱彝尊：《静志居诗话》

陈　田：《明诗纪事》

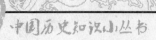

后 记

本书得以完成，与中国社会科学出版社王浩同志的支持和帮助密不可分。吉林大学图书馆古籍部和文科教师参考室、古籍研究所资料室、历史系资料室等单位，为借阅图书及核对资料提供方便。资料工作由孟忻负责。我的夫人陈瑞云教授参与本书写作，字斟句酌，鼎力相助。在此一并致谢。

作者谨识

2007年5月30日